思维导图

初一学科高效学习手册（微课版）

郝智强 毛昕辰 主编

U0361089

清华大学出版社

北京

内 容 简 介

本书的主要内容是初一历史、道德与法治、地理、生物、语文、数学6个科目的思维导图。我们将一个科目在一个学期的100页左右的课本，用思维导图的形式梳理结构，浓缩精简，归纳成5~10张思维导图，内容简洁、明了，重点突出，逻辑清晰，可以帮助学生更高效地理解、记忆及复习所学知识。

图书在版编目(CIP)数据

思维导图初一学科高效学习手册：微课版/郝智强，毛昕辰主编. — 北京：清华大学出版社，2022.8（2023.6重印）
ISBN 978-7-302-60690-1

Ⅰ.①思… Ⅱ.①郝… ②毛… Ⅲ.①课程—初中—教学参考资料 Ⅳ.①G634

中国版本图书馆CIP数据核字(2022)第069352号

责任编辑：石　　伟
封面设计：钱　　诚
责任校对：吕丽娟
责任印制：杨　艳
出版发行：清华大学出版社
　　　　　网　　　址：http://www.tup.com.cn，http://www.wqbook.com
　　　　　地　　　址：北京清华大学学研大厦A座　　邮　　编：100084
　　　　　社 总 机：010-83470000　　邮　　购：010-62786544
　　　　　投稿与读者服务：010-62776969，c-service@tup.tsinghua.edu.cn
　　　　　质量反馈：010-62772015，zhiliang@tup.tsinghua.edu.cn
　　　　　课件下载：http://www.tup.com.cn，010-62791865
印 装 者：三河市铭诚印务有限公司
经　　销：全国新华书店
开　　本：210mm×285mm　　印　　张：11.75　　字　　数：282千字
版　　次：2022年9月第1版　　印　　次：2023年6月第3次印刷
定　　价：69.00元

产品编号：095062-01

推荐序

序一

　　毛昕辰女士打电话给我，说她的三本初中学习指导书《思维导图初一学科高效学习手册》《思维导图初二学科高效学习手册》和《思维导图初三学科高效学习手册》即将出版，希望我写个序。

　　认识昕辰女士的时间并不长，我在与昕辰女士的交往中，得知她在从事思维导图的教学工作，主要应用于应试者的高效学习以及管理者的高效工作中。昕辰女士的受众群体，是孩子、学校老师、家长以及不同领域的管理者，年龄跨度为8岁到60岁。

　　我参观过他们的公司和工作室，并和他们座谈，了解了他们多年从事思维导图教学及运用的丰硕成果。

　　尤其使我难忘的是，她运用思维导图这个思维工具，结合多维度的教学理念，培养了一个智力超常的儿子，他当时是广东省小学六年级的学生（现在是初一学生了）。2021年6月，他获得广东省"新时代勤学好少年"的称号。在和他的交谈中，我发现这个孩子的智商、思维能力，和我接触过的中国科技大学少年班的学生非常相似。

　　我之所以谈到这一点，是因为我在想：家长对思维导图的熟悉，会有利于孩子思维能力的拓展，因为家长引导孩子的思维方式，决定孩子看待问题的高度和解决问题的能力。这是思维导图的核心作用之一。

　　至于如何使用思维导图，如何读图，如何结合学校的教材使用，教师如何利用思维导图进行课堂教学，学生如何利用思维导图进行课程学习和复习，在本书中都有详细的解说，这里就不再赘述。

　　综上所述，我很愿意写这个"序"，向广大读者推荐这三本书。

司有和

2021年11月3日于合肥报业园

　　附：司有和，教授，博士生导师。1969年毕业于中国科学技术大学，留校任教。1993年起享受国务院特殊津贴。1998年因人才引进调入重庆大学，2010年在重庆大学退休。中国科学技术大学创办少年班的直接参与者之一，国内知名的少年班研究资深学者，中国科技写作学的奠基者、创始人。因其在家庭教育领域的成果，1996年获得全国妇联、国家教委联合颁发的"全国家庭教育工作园丁奖"和"全国家庭教育工作先进个人"的称号。

序二

　　随着思维导图在校园中的普及和应用，思维导图近些年在学科教学中取得了较好的使用效果，让越来越多的学生通过系统梳理知识结构，高效掌握了各科知识点，进而提升了学习能力。"思维导图初中学科高效学习手册"系列图书就是多位学科教师将众多知识点、考点以思维导图的形式呈现的，里面不乏趣味性的解题过程和实用性的归纳总结。期待本套书对学习者起到提高学习效率的作用。

世界思维导图锦标赛"百城千校"项目负责人——梅艳艳

序三

思维导图能将众多的知识通过联想连接起来，使大脑有效地分析和保存，进而实现知识的融合、跃迁及创新。作为思维导图的实践者和受益者，我认为它是跨越式提升思考力和记忆力的思维工具，值得向所有学习者推荐。

毛老师团队潜心研发的"思维导图初中学科高效学习手册"系列图书，无疑将中学生的学科学习引入了高效的快车道，更通过具体的示范，使学生循序渐进地掌握了这个使他们受益终生的思维工具。

董丽霞，法学博士，执业律师

序四

"工欲善其事，必先利其器。"中学生的学习科目繁多，知识体系繁杂，要识记的知识量大，学习任务繁重，高效的学习方法和高品质的学习工具是其高效学习的保障。

思维导图有利于学生对其所学习的学科知识进行全方位和系统性的描述与分析，有助于他们对所学习的问题进行深刻的和富有创造性的思考。学生一旦掌握了这种方式，就可以在短时间内提高自己的思考能力和思考水平，挖掘出自己的思考潜力。

作为一名语文教师，我二十多年的语文教学实践可分为学习思维导图前、后两个阶段。我在掌握了思维导图这一工具后，语文知识体系的构建能力大大提升，引导并深化学生的阅读能力和写作能力方面的效率也大大提高。同样地，学生学习思维导图后，学习效率也迅速提升，这主要体现为他们对所学科目有了宏观的把握和理解，也就是他们能站在更高的层面上去俯览自己所学的科目，不仅对板块知识的脉络了然于胸，对学科重、难点的剖析也更加深入、全面，这种对知识的掌控感，让他们有了"会当凌绝顶，一览众山小"的畅快与自信。

"思维导图初中学科高效学习手册"系列图书是一套关于思维导图的绘制与运用的高品质的图书，不仅对学科知识进行了系统的梳理，同时也给学生提供了一个运用思维导图构建学科知识体系的模板。对奋斗在书海与题海中的莘莘学子来说，它不仅是对学科知识的重组再现，更是高品质学习思维提升的阶梯，值得拥有。

窦彩丽

附：窦彩丽，一个深耕语文教学22年的语文老师，曾荣获广州市"优秀教师"和广州市"优秀班主任"称号，在经典教学、诗歌教学等方面有自己独特的视角和实践。

序五

世界是公平的，最终能够解决问题的方法都来源于自身。在我考入北京大学以后，我似乎明白了这个神奇的真理——从小到大几乎没有上过课外补习班的我，正是因为摸索出了一个适合自己的学习方法，并且与各科的学习融会贯通，才能以最小的成本得到了最大的收益，而这个学习方法也不是什么武林秘籍，而是老生常谈的思维导图法。

思维导图的神奇之处在于，当你在构筑这些逻辑链条时，你就已经将书上的知识内生化了。举个例子，如果将学习比作做菜，上课或者上补习班就好像你作为一个实习厨师，在看主厨展现高超的厨艺，最终你观摩了全过程，看到了让你垂涎欲滴的菜品，但实际上你得到什么真传了吗，很难说。但绘制思维导图的过程，就是让你品尝那份菜肴的过程，你只有自己品尝过了，才能记住菜肴味道，才能有机会复制或者超越这道菜肴，可见，绘制思维导图是掌握学习"这道菜"的第一步。

如果有第二步的话，就是要懂得做一个"有品位"的人——绘制思维导图的方式也同样重要。思维导图有很多种，我们需要做的，就是去寻找那种自己喜欢、适合自己和自己能坚持的思维导图，同时构建一个富有逻辑感、层次感和内容感的逻辑框架。我一直是一个记忆力很差的人，但是有了思维导图的逻辑推导，我也能快速记忆知识点和内容，而且我的记忆是有逻辑性的，所以记忆往往更加持久和深远。

我一直觉得，学习是有捷径的——好的学习方法，它能帮助你用最小的成本得到最大的收益。与其疯狂地在课外灌输知识，不如选择用更短的时间去学习一个技巧或方法，然后用空余的时间感受生命的美好，做自己喜欢的事情，方能不辜负自己短暂的青春。

张芹瑜

2021年10月30日

附：张芹瑜，2020年高考以广东省第21名的成绩考入北京大学，就读国际关系专业。她善于用思维导图方法学习，在人才济济的北京大学，大学一年级第二学期就以优异的成绩获得北大奖学金。

第1课 思维导图概述

第2课 思维导图作用

第3课 思维导图的读图和绘制方法

第4课 思维导图的两种思维形式

第5课 思维导图如何提炼关键词

第6课 思维导图书的使用
说明与注意事项

第7课 思维导图归纳知识点的流程

第8课 思维导图梳理知识点演练

第9课 如何用思维导图归纳
史地政生知识点

第10课 如何用思维导图总结
数理化知识点

第11课 如何用思维导图梳理文言文

第12课 如何用思维导图构思作文

前　言

思维导图是将放射性思考可视化的图形思维工具，是英国教育家托尼·博赞在20世纪60年代提出的。思维导图利用大脑记忆与思维的规律，运用图文并重的技巧，将抽象的思维变成可视的思维，将零散的点变成系统的网。它既可以呈现思维过程，构建知识网络，是做归纳与总结的良好工具，又能够由点到面，拓展思维广度，是思维发散、创意思考的良好工具。

将思维导图应用在学科学习中，对提高学生的思维品质、学习效率及学习成绩有显著的作用，具体体现在以下几点。

(1) 思维导图将知识点按照逻辑关系有层级地呈现出来，在这个过程中，可以让学生厘清知识点之间的关系，加深对知识的理解，让学生的知识体系结构化、系统化。长期坚持使用思维导图，可以增强学生思维的逻辑性和全局性。

(2) 思维导图运用图文并茂的形式，用图形、线条、色彩建立起链接。图形可以将抽象变形象，加深学生对主题和内容的印象。线条的作用类似于大脑的神经元，将相关节点联系起来，让大脑更直观地发现内容之间的关联性。不同的颜色可以将不同板块的内容区分开，同时刺激大脑，提高大脑的兴奋度，集中学生的注意力。这些特点，让思维导图具有直观、易于比较、便于记忆的优点。这也是思维导图越来越受欢迎的原因之一。

(3) 著名数学家华罗庚先生曾经说过"人读书先是由薄到厚，再由厚到薄"。本书思维导图中的文字内容主要是用关键词来表示，而一些概念性的或不能删减需要完整表述的内容，则使用比较精简的短句，力求做到最简。去除了原文中修饰性的或补充性的非关键性内容，只保留了主要部分，化繁为简，把握精髓，所以往往一章节几十页的文字内容，一张思维导图就能全部概括。

运用关键词，最直接的作用就是大大减少了记忆的信息量，在复习时，能大幅提高效率。但关键词的作用，远不止于此。

在使用思维导图时，我们提倡一个方式是"关键词自己记，非关键词自己说"，核心的关键点当然要牢牢记住，这个是掌握知识的最基本要求。当关键点记住之后，那些修饰性的或补充性的非关键性内容，可以自己用自己的语言补充。所以，学生在使用思维导图学习时，不用再被动地、机械性地记忆书中一串串长长的句子，而是积极地对关键词的内容进行分析、加工和联想。长期坚持，可以提高学生组织和陈述知识的能力，这在考试和未来人生发展中，都是一种非常重要的能力。

(4) 在学完一节课或一章节的内容后，将一章节的内容绘制成思维导图，在这个过程中，可以检测学生对知识点的理解程度。学生如果能够顺畅地把思维导图绘制出来，而且思路清晰，逻辑严密，就说明知识点理解得比较好。如果不能完整地绘制出来，那就说明对知识点理解不够，需要及时查漏补缺。现在有很多教师，在教完学生一章节的内容后，布置的作业就是让学生绘制一章节的思维导图，其目的就是引导学生进行自我检测和评估学习质量。当然，就算教师没有布置这项作业，学生也应该养成习惯，这对于提高学生的学习品质，是很有利的。

(5) 思维导图发散性的特点，有拓展思维广度的作用，这一点非常有利于我们做创意性的思考。例如，用在学生写作文时，我们把作文主题作为思维导图的中心，然后发散出相关内容，形成文章的基本结构，最后再具体行文。思维导图具有呈现思维过程的作用，我们可以通过所绘制的思维导图，检视自己的行文思路，并及时修正，让作文结构严谨有序。与传统的线性提纲相比，思维导图还可以节省书写提纲的时间，所以建议学生在写作前，绘制一个简易的思维导图，以达到有章有法、节省时间的目的。

思维导图是一个学习工具，更是一种训练思维品质、激发思维潜力的学习方式。学生一旦真正掌握了这种方法，无论是在当下的学习还是在未来的人生中，都将获益良多。

　　前文讲了这么多，您一定看得有些累了。实践出真知，现在我们就用思维导图总结一下前文所表达的观点。上千文字的核心观点，就在下面的这张图里，这就是思维导图的魅力所在。

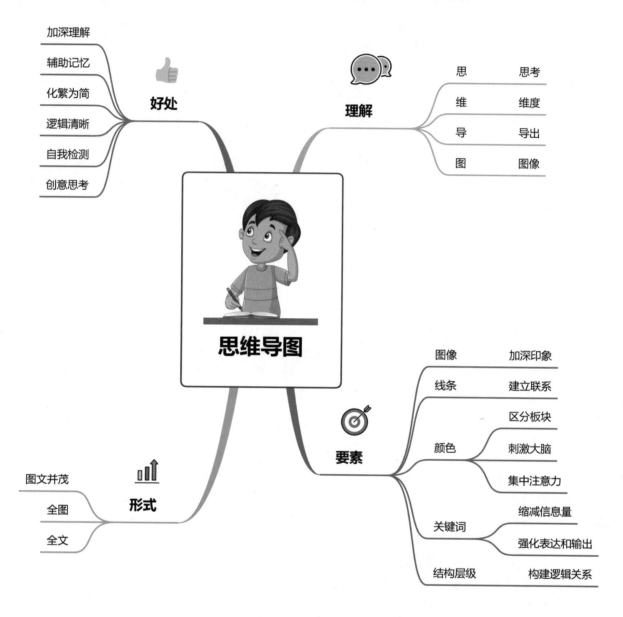

使用说明

1. 如何阅读思维导图

思维导图最主要的作用是将学习内容化繁为简、重点突出、层次分明、逻辑清晰。中心主题是思维导图的核心，位于导图的最中心。读图原则是从中心主题到主干再到次要分支。绘制思维导图要按照顺时针方向，因此，阅读思维导图也应遵循顺时针方向。思维导图讲究系统性，它的每一层级都有必然的联系，以节点为分界，所以，跳跃读图可能会出现思路混乱的情况。当然，如果对思维导图理解到一定程度，为了节约时间，也可以适当跳跃读图。

特别注意： 一般的思维导图是360°向四周发散。本书的思维导图，大多数是为了适应版式要求，让字体更大，分支偏向右侧，没有向360°发散。同学们自己画图时，可以自行修改成向四周发散的思维导图。

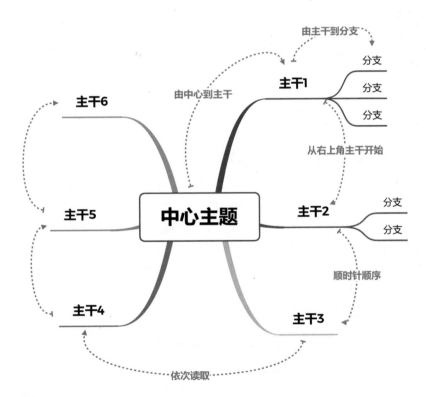

2. 如何绘制思维导图

下面我们直接用一张思维导图来告诉大家如何绘制思维导图，相信聪明的你，看完这张图后，应该就知道如何绘制思维导图了。当然，知道了思维导图的绘制方法，并不意味着立刻就能绘制好一张思维导图，理论到应用之间，还隔着大量的练习和实践，只有真正动手去做，用大脑去思考，才能把理论知识变成自己的实际技能。

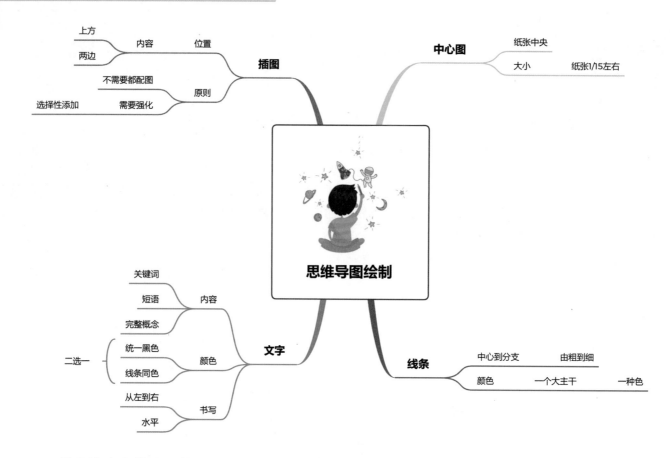

3. 使用这本思维导图书，是否还需要看课本

在这里，引用著名数学家华罗庚先生说过的一句话"人读书先是由薄到厚，再由厚到薄"。我们先要输入充足的信息，知道其前因后果、来龙去脉，深刻理解之后，才能输出和简化信息。

书中的思维导图大都是运用关键词和短句呈现的，是将原文精简后的重点内容，但这并不代表课本的原文是没用的。原文的描述更细致、更全面，可以让我们对知识有更完整的理解和认识。

我们如果没有阅读过原文内容，就直接看老师绘制好的思维导图，可能会难以理解或出现理解偏差。所以，同学们需要结合课本，先阅读课本内容，对课本内容有一定的了解后，才能知道为什么要这样安排逻辑关系，才能更好地理解这些关键词和短句背后的内容联系。

4. 是直接用书本里面的思维导图，还是自己动手绘制

"是直接用书本里面的思维导图，还是自己动手绘制？"比较理想的解决方式，当然是自己绘制。自己绘制，需要学生自己动脑动手，整个过程都是自己去完成的，无论是对知识的理解、记忆，还是对思维及绘制技术的锻炼，都会更有利。

也有很多学生会面临一些现实的问题，一是因为学习时间紧张，没时间绘制思维导图；二是对知识的理解不够深入，现有的能力还不能清晰完整地把思维导图绘制出来；三是没有系统学习过与思维导图相关的知识，不知道如何正确绘制思维导图。所以，我们可分为以下两种情况来分析这个问题。

对于时间充足、有能力自己绘制思维导图的同学，可以先阅读课本，思考分析后，自己绘制，绘制完之后，再参考我们的思维导图书，检查修正。

对于时间不够、不能正确绘制思维导图的同学，可以先阅读课本文字内容，思考知识的结构，再使用本书中的思维导图帮助自己做归纳梳理和记忆。

当然，本书提供的思维导图不是唯一的答案，思维和思考的海洋浩瀚无边。你也可以根据自己的理解和思考去绘制思维导图，也许你会有更好的思维和总结方式。

5. 怎么正确地使用思维导图

一些学生听说思维导图对学习很有帮助，就开始兴致勃勃地绘制思维导图，但绘制完之后就将其弃之一边，以为这样就一劳永逸了。如果这样做，结果肯定会事与愿违。思维导图对于学习成绩的提高确实有显著的作用，但一定是建立在正确的使用方法之上的。

学生使用思维导图帮助自己加深理解时，首先看思维导图的框架，按照这个思维脉络，用自己的语言，结合导图里面的关键词和短句，将这个章节的内容在大脑里过一遍，也可以讲给其他同学听。如果学生能够清晰顺畅地讲出来，就说明他的思路是清晰的，对这章的知识点已经基本掌握了。

学生使用思维导图辅助自己记忆时，在记住核心点之后，要脱离思维导图，凭着自己的理解和记忆，将内容讲一遍或在大脑里回忆一遍，检测自己思路是否清晰，是否都已记住。

思维导图还可以用于复习、自我检测、构思作文等。学习者不管将其用在哪个方面，都需要使用正确的方式。

更多关于思维导图使用的方法，我们在本书所配备的视频讲解里，还会有更详细的讲解，并会挑选一些实例，将整个学习过程演示给使用者。同学们可以观看学习。

编　者

七年级数学中考练习题汇编

读者福利获取方式

目　录

历　史

道德与法治

地　理

生　物

语　文

数　学

历 史

七年级上册《历史》思维导图

第一单元 **史前时期：中国境内早期人类与文明的起源**

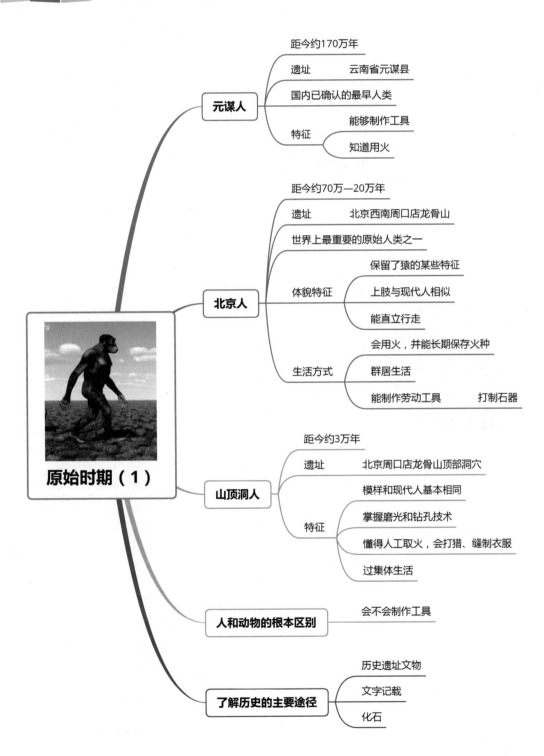

元谋人
- 距今约170万年
- 遗址 ——— 云南省元谋县
- 国内已确认的最早人类
- 特征
  - 能够制作工具
  - 知道用火

北京人
- 距今约70万—20万年
- 遗址 ——— 北京西南周口店龙骨山
- 世界上最重要的原始人类之一
- 体貌特征
  - 保留了猿的某些特征
  - 上肢与现代人相似
  - 能直立行走
- 生活方式
  - 会用火，并能长期保存火种
  - 群居生活
  - 能制作劳动工具 ——— 打制石器

山顶洞人
- 距今约3万年
- 遗址 ——— 北京周口店龙骨山顶部洞穴
- 模样和现代人基本相同
- 特征
  - 掌握磨光和钻孔技术
  - 懂得人工取火，会打猎、缝制衣服
  - 过集体生活

原始时期（1）

人和动物的根本区别 ——— 会不会制作工具

了解历史的主要途径
- 历史遗址文物
- 文字记载
- 化石

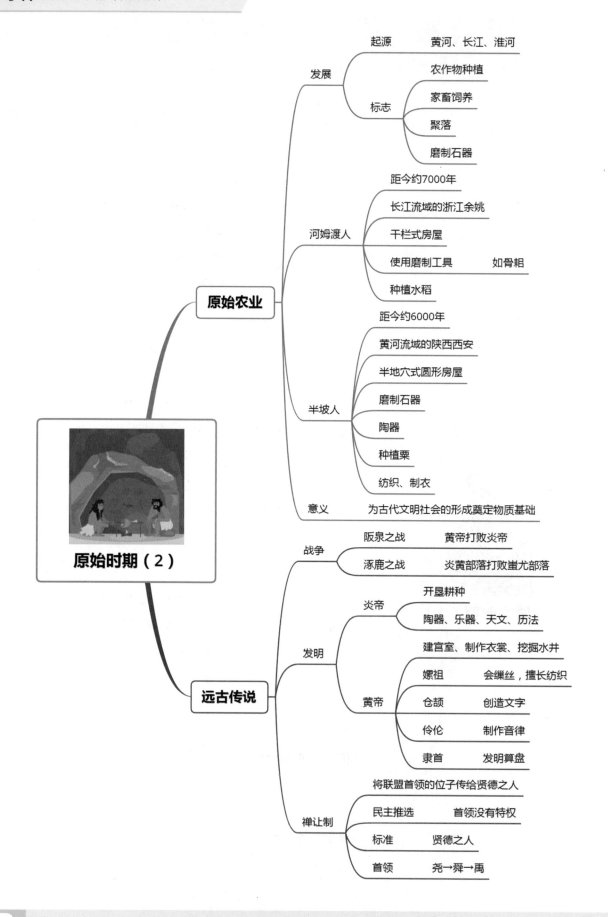

原始时期（2）

原始农业
- 发展
  - 起源 —— 黄河、长江、淮河
  - 标志
    - 农作物种植
    - 家畜饲养
    - 聚落
    - 磨制石器
- 河姆渡人
  - 距今约7000年
  - 长江流域的浙江余姚
  - 干栏式房屋
  - 使用磨制工具 —— 如骨耜
  - 种植水稻
- 半坡人
  - 距今约6000年
  - 黄河流域的陕西西安
  - 半地穴式圆形房屋
  - 磨制石器
  - 陶器
  - 种植粟
  - 纺织、制衣
- 意义 —— 为古代文明社会的形成奠定物质基础

远古传说
- 战争
  - 阪泉之战 —— 黄帝打败炎帝
  - 涿鹿之战 —— 炎黄部落打败蚩尤部落
- 发明
  - 炎帝
    - 开垦耕种
    - 陶器、乐器、天文、历法
  - 黄帝
    - 建宫室、制作衣裳、挖掘水井
    - 嫘祖 —— 会缫丝，擅长纺织
    - 仓颉 —— 创造文字
    - 伶伦 —— 制作音律
    - 隶首 —— 发明算盘
- 禅让制
  - 将联盟首领的位子传给贤德之人
  - 民主推选 —— 首领没有特权
  - 标准 —— 贤德之人
  - 首领 —— 尧→舜→禹

第二单元 夏商周时期：早期国家与社会变革

文化

青铜器 — 代表
- 原始社会后期
- 最大最重 — 司母戊鼎
- 奇特精美 — 四羊方尊

甲骨文
- 商周时期刻写在龟甲和牛、羊等兽骨上的文字
- 中国已发现的年代最早、体系较为完整的文字
- 意义 — 我国有文字可考的历史从商朝开始

夏朝
- 约公元前2070年
- 建立者 — 禹
- 启继承父位 — 世袭制 / 家天下
- 灭亡 — 桀统治残暴 / 约公元前1600年
- 意义 — 第一个奴隶制王朝

商朝
- 约公元前1600年
- 建立者 — 汤
- 都城 — 亳 / 后迁都至殷
- 亡国君 — 纣

西周
- 公元前1046年 — 牧野大战
- 建立者 — 周武王
- 分封制 — 稳定政局 / 巩固疆土
- 都城 — 镐京
- 亡国君 — 周幽王

商鞅变法
- 目的 — 富国强兵 / 在兼并战争中取胜
- 内容
  - 确立县制
  - 废除贵族的世袭特权
  - 改革户籍制度
  - 严明法度
  - 废除井田制
  - 鼓励耕织
  - 统一度量衡
  - 奖励军功
- 为以后秦国统一全国奠定了基础

东周
- 春秋
  - 公元前770年 — 周平王东迁洛邑
  - 公元前770年—公元前476年
  - 奴隶制瓦解
  - 争霸为主 — 春秋五霸
  - 经济 — 铁制农具和牛耕出现
- 战国
  - 公元前475年—公元前221年
  - 封建制度形成
  - 兼并为主 — 战国七雄（齐楚秦燕赵魏韩）/ 为国家统一奠定基础
  - 经济 — 铁制农具和牛耕推广

都江堰
- 修建 — 李冰主持 / 公元前256年
- 影响 — 使成都平原成为沃野

夏商周时期

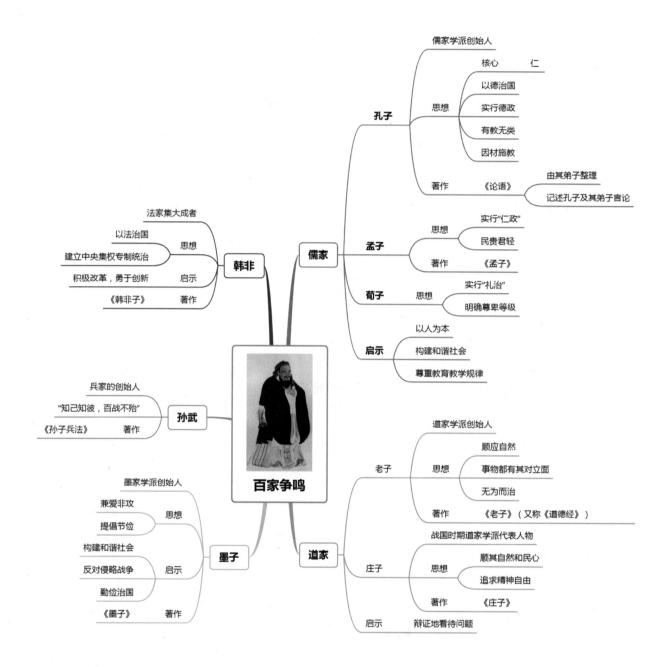

儒家学派创始人

孔子
思想
　核心　　仁
　以德治国
　实行德政
　有教无类
　因材施教
著作　《论语》
　由其弟子整理
　记述孔子及其弟子言论

孟子
思想
　实行"仁政"
　民贵君轻
著作　《孟子》

荀子
思想
　实行"礼治"
　明确尊卑等级

启示
　以人为本
　构建和谐社会
　尊重教育教学规律

儒家

法家集大成者

韩非
思想
　以法治国
　建立中央集权专制统治
启示
　积极改革，勇于创新
著作　《韩非子》

兵家的创始人

孙武
　"知己知彼，百战不殆"
著作　《孙子兵法》

墨家学派创始人

墨子
思想
　兼爱非攻
　提倡节俭
启示
　构建和谐社会
　反对侵略战争
　勤俭治国
著作　《墨子》

百家争鸣

道家学派创始人

老子
思想
　顺应自然
　事物都有其对立面
　无为而治
著作　《老子》（又称《道德经》）

战国时期道家学派代表人物

庄子
思想
　顺其自然和民心
　追求精神自由
著作　《庄子》

启示　辩证地看待问题

道家

第三单元 秦汉时期：统一多民族国家的建立和巩固

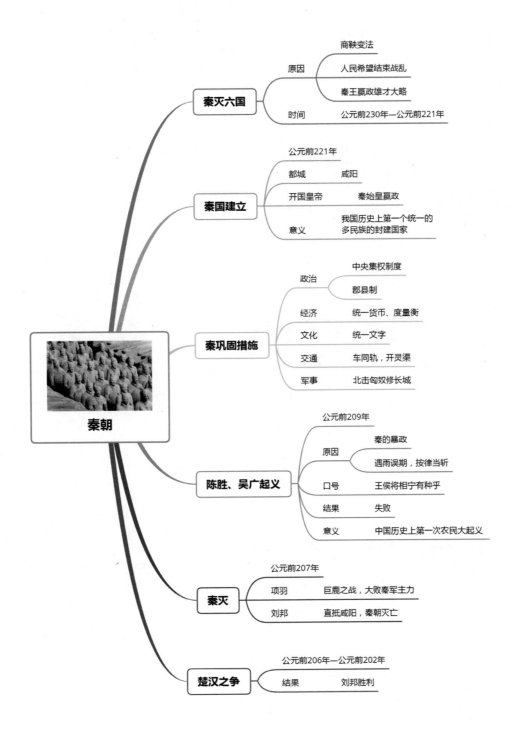

秦朝

秦灭六国
- 原因
  - 商鞅变法
  - 人民希望结束战乱
  - 秦王嬴政雄才大略
- 时间　公元前230年—公元前221年

秦国建立
公元前221年
- 都城　咸阳
- 开国皇帝　秦始皇嬴政
- 意义　我国历史上第一个统一的多民族的封建国家

秦巩固措施
- 政治
  - 中央集权制度
  - 郡县制
- 经济　统一货币、度量衡
- 文化　统一文字
- 交通　车同轨，开灵渠
- 军事　北击匈奴修长城

陈胜、吴广起义
公元前209年
- 原因
  - 秦的暴政
  - 遇雨误期，按律当斩
- 口号　王侯将相宁有种乎
- 结果　失败
- 意义　中国历史上第一次农民大起义

秦灭
公元前207年
- 项羽　巨鹿之战，大败秦军主力
- 刘邦　直抵咸阳，秦朝灭亡

楚汉之争
公元前206年—公元前202年
- 结果　刘邦胜利

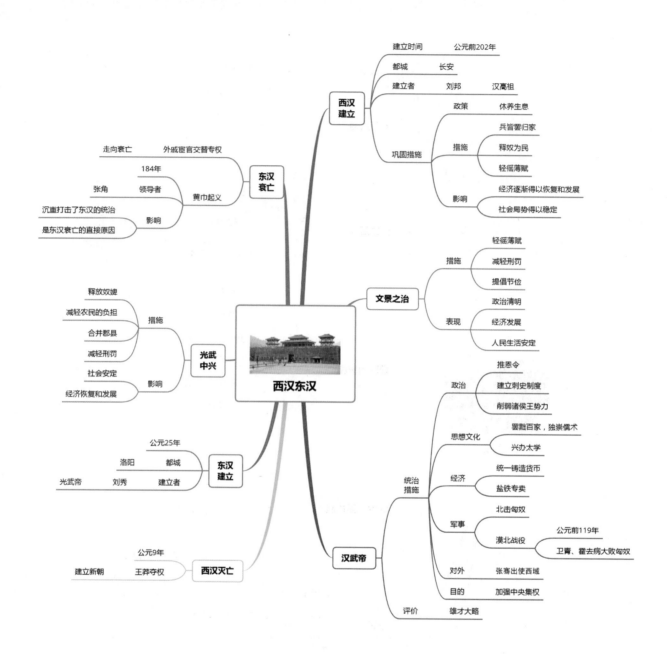

西汉建立
建立时间　公元前202年
都城　长安
建立者　刘邦　汉高祖
巩固措施
政策　休养生息
措施
兵皆罢归家
释奴为民
轻徭薄赋
影响
经济逐渐得以恢复和发展
社会局势得以稳定

东汉衰亡
走向衰亡　外戚宦官交替专权
184年
张角　领导者
黄巾起义
沉重打击了东汉的统治
是东汉衰亡的直接原因　影响

文景之治
措施
轻徭薄赋
减轻刑罚
提倡节俭
表现
政治清明
经济发展
人民生活安定

光武中兴
释放奴婢
减轻农民的负担
合并郡县　措施
减轻刑罚
社会安定
经济恢复和发展　影响

西汉东汉

东汉建立
公元25年
洛阳　都城
光武帝　刘秀　建立者

西汉灭亡
公元9年
建立新朝　王莽夺权

汉武帝
政治
推恩令
建立刺史制度
削弱诸侯王势力
思想文化
罢黜百家，独尊儒术
兴办太学
统治措施
经济
统一铸造货币
盐铁专卖
军事
北击匈奴
漠北战役　公元前119年
卫青、霍去病大败匈奴
对外　张骞出使西域
目的　加强中央集权
评价　雄才大略

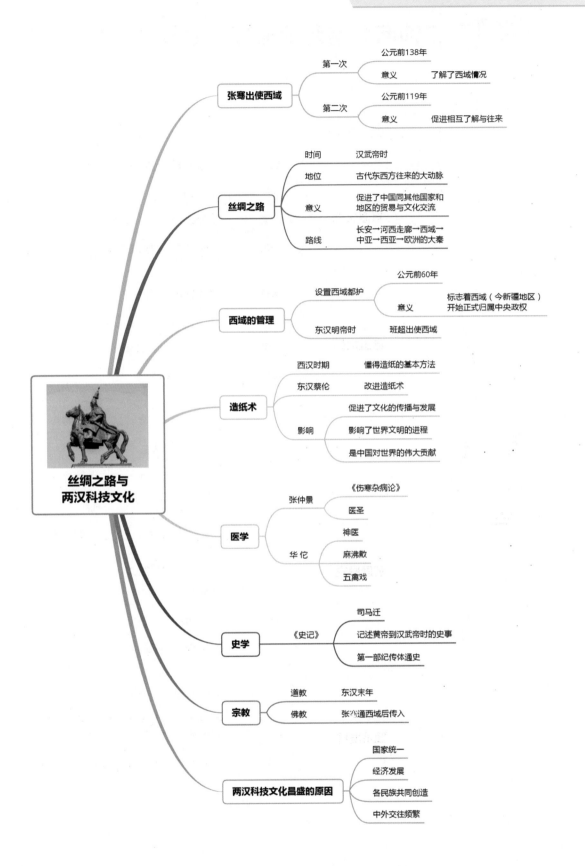

丝绸之路与
两汉科技文化

张骞出使西域
- 第一次
  - 公元前138年
  - 意义 —— 了解了西域情况
- 第二次
  - 公元前119年
  - 意义 —— 促进相互了解与往来

丝绸之路
- 时间 —— 汉武帝时
- 地位 —— 古代东西方往来的大动脉
- 意义 —— 促进了中国同其他国家和地区的贸易与文化交流
- 路线 —— 长安→河西走廊→西域→中亚→西亚→欧洲的大秦

西域的管理
- 设置西域都护
  - 公元前60年
  - 意义 —— 标志着西域（今新疆地区）开始正式归属中央政权
- 东汉明帝时 —— 班超出使西域

造纸术
- 西汉时期 —— 懂得造纸的基本方法
- 东汉蔡伦 —— 改进造纸术
- 影响
  - 促进了文化的传播与发展
  - 影响了世界文明的进程
  - 是中国对世界的伟大贡献

医学
- 张仲景
  - 《伤寒杂病论》
  - 医圣
- 华佗
  - 神医
  - 麻沸散
  - 五禽戏

史学
- 《史记》
  - 司马迁
  - 记述黄帝到汉武帝时的史事
  - 第一部纪传体通史

宗教
- 道教 —— 东汉末年
- 佛教 —— 张骞通西域后传入

两汉科技文化昌盛的原因
- 国家统一
- 经济发展
- 各民族共同创造
- 中外交往频繁

第四单元 三国两晋南北朝时期：政权分立与民族交融

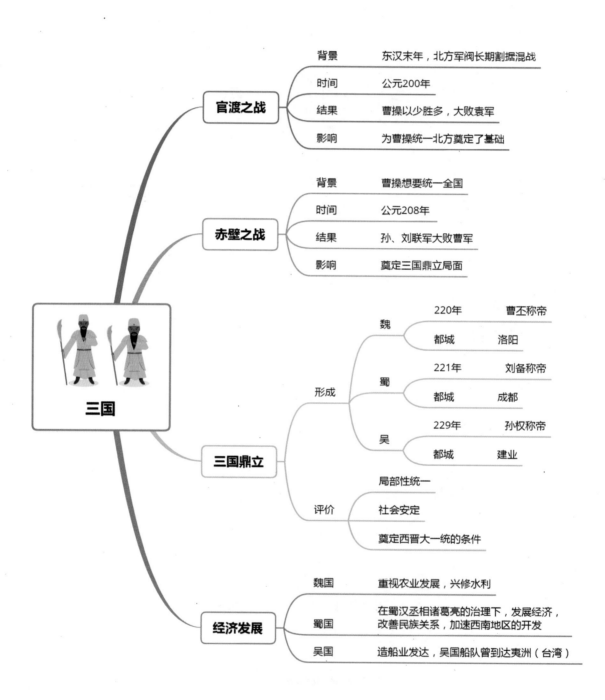

官渡之战
- 背景　东汉末年，北方军阀长期割据混战
- 时间　公元200年
- 结果　曹操以少胜多，大败袁军
- 影响　为曹操统一北方奠定了基础

赤壁之战
- 背景　曹操想要统一全国
- 时间　公元208年
- 结果　孙、刘联军大败曹军
- 影响　奠定三国鼎立局面

三国

三国鼎立
- 形成
  - 魏
    - 220年　曹丕称帝
    - 都城　洛阳
  - 蜀
    - 221年　刘备称帝
    - 都城　成都
  - 吴
    - 229年　孙权称帝
    - 都城　建业
- 评价
  - 局部性统一
  - 社会安定
  - 奠定西晋大一统的条件

经济发展
- 魏国　重视农业发展，兴修水利
- 蜀国　在蜀汉丞相诸葛亮的治理下，发展经济，改善民族关系，加速西南地区的开发
- 吴国　造船业发达，吴国船队曾到达夷洲（台湾）

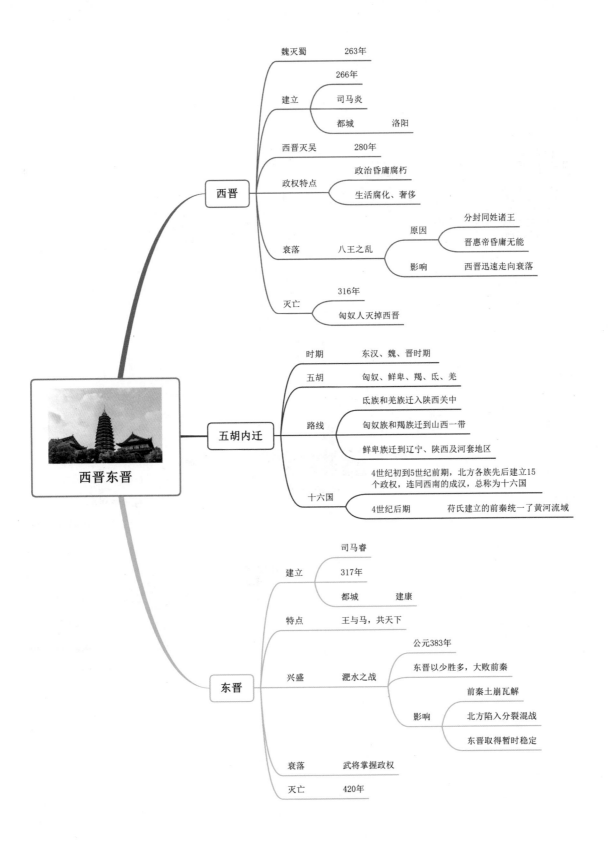

西晋东晋

西晋
- 魏灭蜀 —— 263年
- 建立
  - 266年
  - 司马炎
  - 都城 —— 洛阳
- 西晋灭吴 —— 280年
- 政权特点
  - 政治昏庸腐朽
  - 生活腐化、奢侈
- 衰落 —— 八王之乱
  - 原因
    - 分封同姓诸王
    - 晋惠帝昏庸无能
  - 影响 —— 西晋迅速走向衰落
- 灭亡
  - 316年
  - 匈奴人灭掉西晋

五胡内迁
- 时期 —— 东汉、魏、晋时期
- 五胡 —— 匈奴、鲜卑、羯、氐、羌
- 路线
  - 氐族和羌族迁入陕西关中
  - 匈奴族和羯族迁到山西一带
  - 鲜卑族迁到辽宁、陕西及河套地区
- 十六国
  - 4世纪初到5世纪前期，北方各族先后建立15个政权，连同西南的成汉，总称为十六国
  - 4世纪后期 —— 苻氏建立的前秦统一了黄河流域

东晋
- 建立
  - 司马睿
  - 317年
  - 都城 —— 建康
- 特点 —— 王与马，共天下
- 兴盛 —— 淝水之战
  - 公元383年
  - 东晋以少胜多，大败前秦
  - 影响
    - 前秦土崩瓦解
    - 北方陷入分裂混战
    - 东晋取得暂时稳定
- 衰落 —— 武将掌握政权
- 灭亡 —— 420年

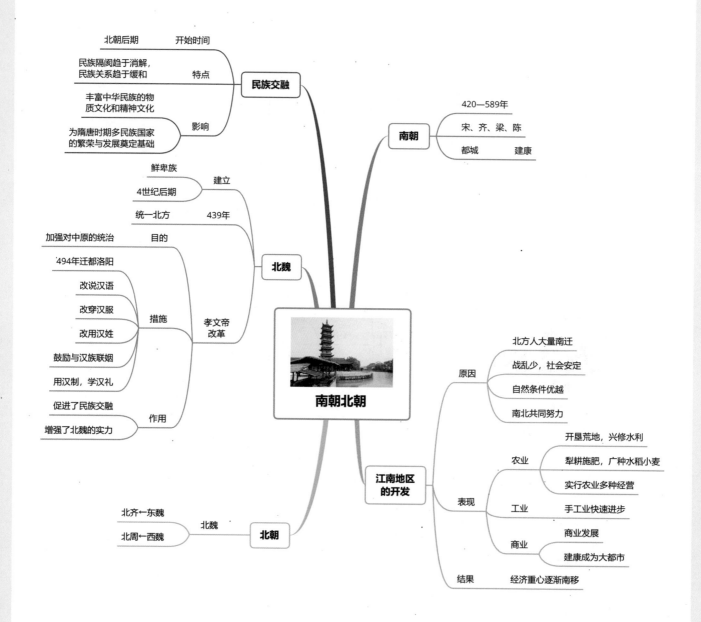

北朝后期 —— 开始时间

民族隔阂趋于消解，
民族关系趋于缓和 —— 特点

丰富中华民族的物
质文化和精神文化

为隋唐时期多民族国家
的繁荣与发展奠定基础 —— 影响

民族交融

420—589年

宋、齐、梁、陈

都城 —— 建康

南朝

鲜卑族

4世纪后期 —— 建立

统一北方 —— 439年

北魏

加强对中原的统治 —— 目的

494年迁都洛阳

改说汉语

改穿汉服 —— 措施

改用汉姓

鼓励与汉族联姻

用汉制，学汉礼

孝文帝
改革

促进了民族交融

增强了北魏的实力 —— 作用

南朝北朝

北方人大量南迁

战乱少，社会安定

自然条件优越 —— 原因

南北共同努力

开垦荒地，兴修水利

犁耕施肥，广种水稻小麦 —— 农业

实行农业多种经营

工业 —— 手工业快速进步

商业发展

建康成为大都市 —— 商业

表现

江南地区
的开发

结果 —— 经济重心逐渐南移

北齐←东魏

北周←西魏 —— 北魏

北朝

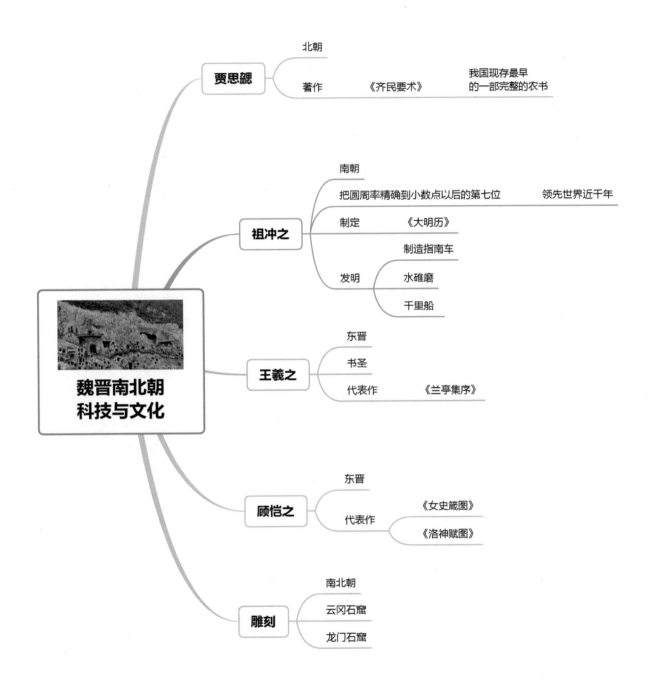

贾思勰
- 北朝
- 著作 —— 《齐民要术》 —— 我国现存最早的一部完整的农书

祖冲之
- 南朝
- 把圆周率精确到小数点以后的第七位 —— 领先世界近千年
- 制定 —— 《大明历》
- 发明
  - 制造指南车
  - 水碓磨
  - 千里船

王羲之
- 东晋
- 书圣
- 代表作 —— 《兰亭集序》

魏晋南北朝科技与文化

顾恺之
- 东晋
- 代表作
  - 《女史箴图》
  - 《洛神赋图》

雕刻
- 南北朝
- 云冈石窟
- 龙门石窟

七年级下册《历史》思维导图

隋唐时期：繁荣与开放的时代

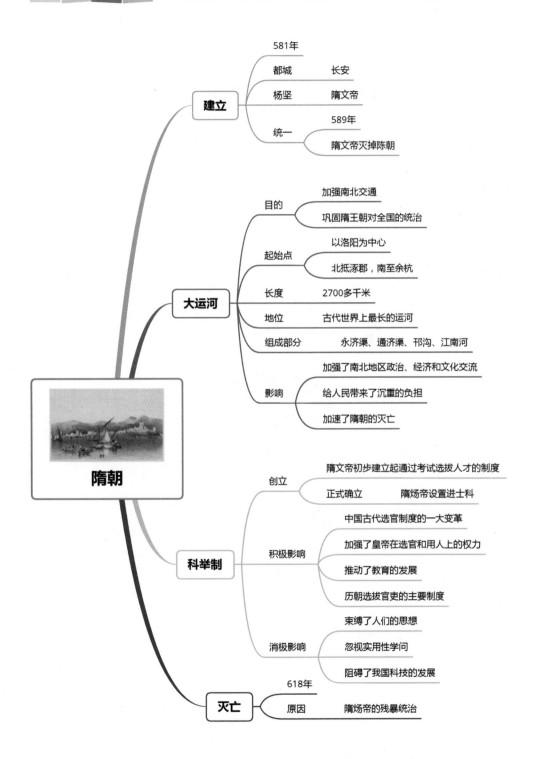

隋朝

- 建立
  - 581年
  - 都城 —— 长安
  - 杨坚 —— 隋文帝
  - 统一
    - 589年
    - 隋文帝灭掉陈朝

- 大运河
  - 目的
    - 加强南北交通
    - 巩固隋王朝对全国的统治
  - 起始点
    - 以洛阳为中心
    - 北抵涿郡，南至余杭
  - 长度 —— 2700多千米
  - 地位 —— 古代世界上最长的运河
  - 组成部分 —— 永济渠、通济渠、邗沟、江南河
  - 影响
    - 加强了南北地区政治、经济和文化交流
    - 给人民带来了沉重的负担
    - 加速了隋朝的灭亡

- 科举制
  - 创立
    - 隋文帝初步建立起通过考试选拔人才的制度
    - 正式确立 —— 隋炀帝设置进士科
  - 积极影响
    - 中国古代选官制度的一大变革
    - 加强了皇帝在选官和用人上的权力
    - 推动了教育的发展
    - 历朝选拔官吏的主要制度
  - 消极影响
    - 束缚了人们的思想
    - 忽视实用性学问
    - 阻碍了我国科技的发展

- 灭亡
  - 618年
  - 原因 —— 隋炀帝的残暴统治

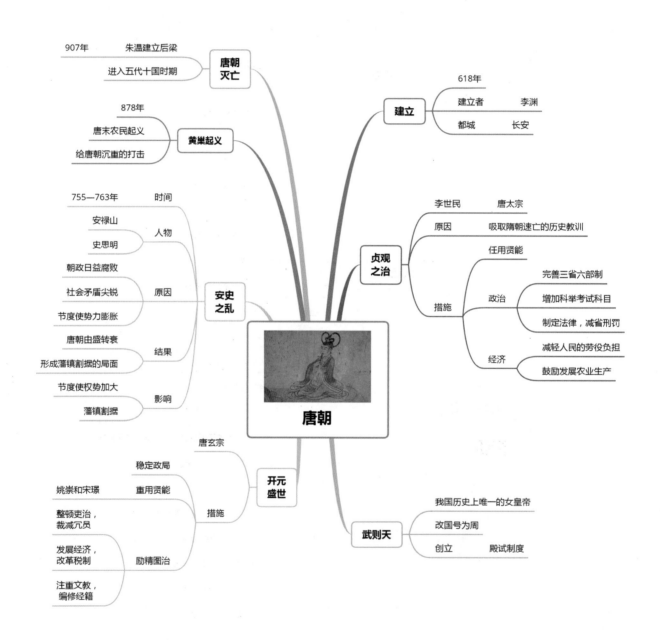

907年　　朱温建立后梁

进入五代十国时期

唐朝灭亡

878年

唐末农民起义

给唐朝沉重的打击

黄巢起义

755—763年　　时间

安禄山

史思明　　人物

朝政日益腐败

社会矛盾尖锐　　原因

节度使势力膨胀

唐朝由盛转衰

形成藩镇割据的局面　　结果

节度使权势加大

藩镇割据　　影响

安史之乱

唐玄宗

稳定政局

姚崇和宋璟　　重用贤能

整顿吏治，裁减冗员　　措施

发展经济，改革税制　　励精图治

注重文教，编修经籍

开元盛世

唐朝

618年

建立者　　李渊

都城　　长安

建立

李世民　　唐太宗

原因　　吸取隋朝速亡的历史教训

任用贤能

完善三省六部制

政治　　增加科举考试科目

制定法律，减省刑罚

措施

减轻人民的劳役负担

经济　　鼓励发展农业生产

贞观之治

我国历史上唯一的女皇帝

改国号为周

创立　　殿试制度

武则天

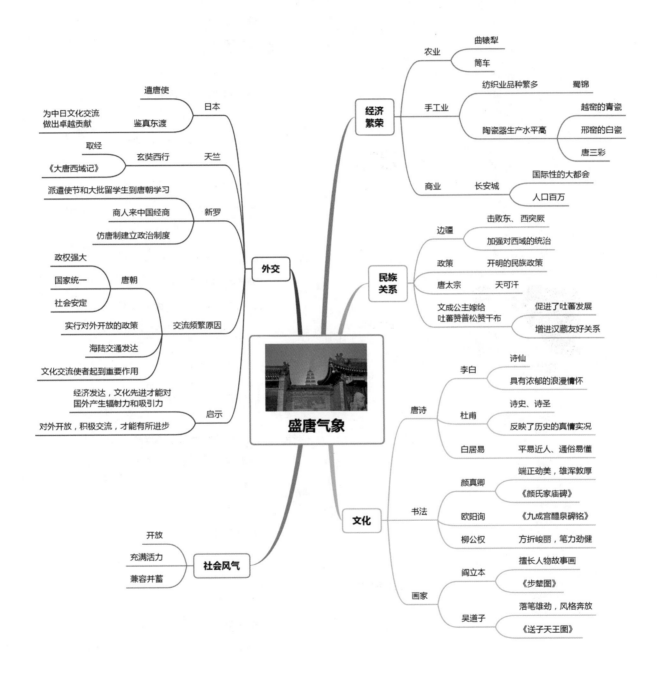

盛唐气象

经济繁荣
- 农业
  - 曲辕犁
  - 筒车
- 手工业
  - 纺织业品种繁多 —— 蜀锦
  - 陶瓷器生产水平高
    - 越窑的青瓷
    - 邢窑的白瓷
    - 唐三彩
- 商业 —— 长安城
  - 国际性的大都会
  - 人口百万

民族关系
- 边疆
  - 击败东、西突厥
  - 加强对西域的统治
- 政策 —— 开明的民族政策
- 唐太宗 —— 天可汗
- 文成公主嫁给吐蕃赞普松赞干布
  - 促进了吐蕃发展
  - 增进汉藏友好关系

外交
- 日本
  - 遣唐使
  - 鉴真东渡 —— 为中日文化交流做出卓越贡献
- 天竺 —— 玄奘西行
  - 取经
  - 《大唐西域记》
- 新罗
  - 派遣使节和大批留学生到唐朝学习
  - 商人来中国经商
  - 仿唐制建立政治制度
- 交流频繁原因 —— 唐朝
  - 政权强大
  - 国家统一
  - 社会安定
  - 实行对外开放的政策
  - 海陆交通发达
  - 文化交流使者起到重要作用
- 启示
  - 经济发达，文化先进才能对国外产生辐射力和吸引力
  - 对外开放，积极交流，才能有所进步

文化
- 唐诗
  - 李白
    - 诗仙
    - 具有浓郁的浪漫情怀
  - 杜甫
    - 诗史、诗圣
    - 反映了历史的真情实况
  - 白居易 —— 平易近人、通俗易懂
- 书法
  - 颜真卿
    - 端正劲美，雄浑敦厚
    - 《颜氏家庙碑》
  - 欧阳询 —— 《九成宫醴泉碑铭》
  - 柳公权 —— 方折峻丽，笔力劲健
- 画家
  - 阎立本
    - 擅长人物故事画
    - 《步辇图》
  - 吴道子
    - 落笔雄劲，风格奔放
    - 《送子天王图》

社会风气
- 开放
- 充满活力
- 兼容并蓄

第二单元 辽宋夏金元时期：民族关系发展和社会变化

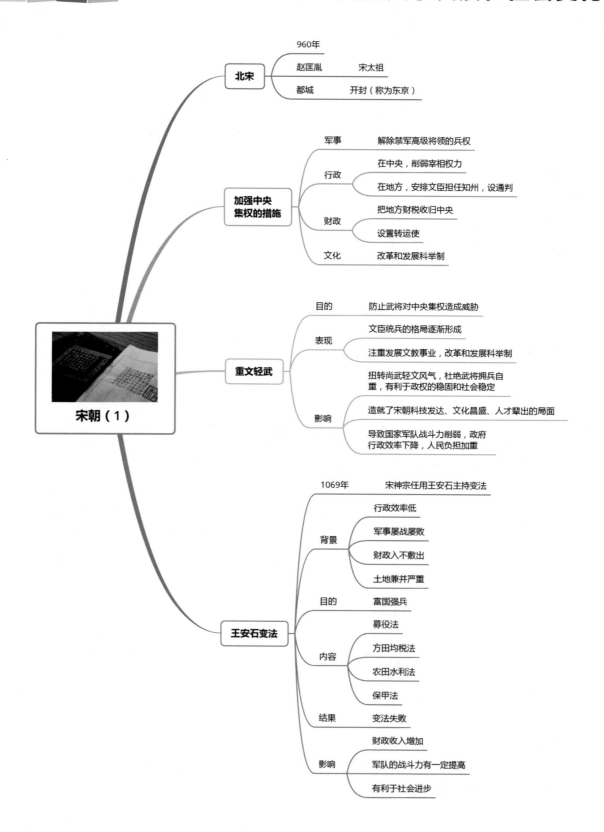

宋朝（1）

- **北宋**
  - 960年
  - 赵匡胤 —— 宋太祖
  - 都城 —— 开封（称为东京）

- **加强中央集权的措施**
  - 军事 —— 解除禁军高级将领的兵权
  - 行政
    - 在中央，削弱宰相权力
    - 在地方，安排文臣担任知州，设通判
  - 财政
    - 把地方财税收归中央
    - 设置转运使
  - 文化 —— 改革和发展科举制

- **重文轻武**
  - 目的 —— 防止武将对中央集权造成威胁
  - 表现
    - 文臣统兵的格局逐渐形成
    - 注重发展文教事业，改革和发展科举制
  - 影响
    - 扭转尚武轻文风气，杜绝武将拥兵自重，有利于政权的稳固和社会稳定
    - 造就了宋朝科技发达、文化昌盛、人才辈出的局面
    - 导致国家军队战斗力削弱，政府行政效率下降，人民负担加重

- **王安石变法**
  - 1069年 —— 宋神宗任用王安石主持变法
  - 背景
    - 行政效率低
    - 军事屡战屡败
    - 财政入不敷出
    - 土地兼并严重
  - 目的 —— 富国强兵
  - 内容
    - 募役法
    - 方田均税法
    - 农田水利法
    - 保甲法
  - 结果 —— 变法失败
  - 影响
    - 财政收入增加
    - 军队的战斗力有一定提高
    - 有利于社会进步

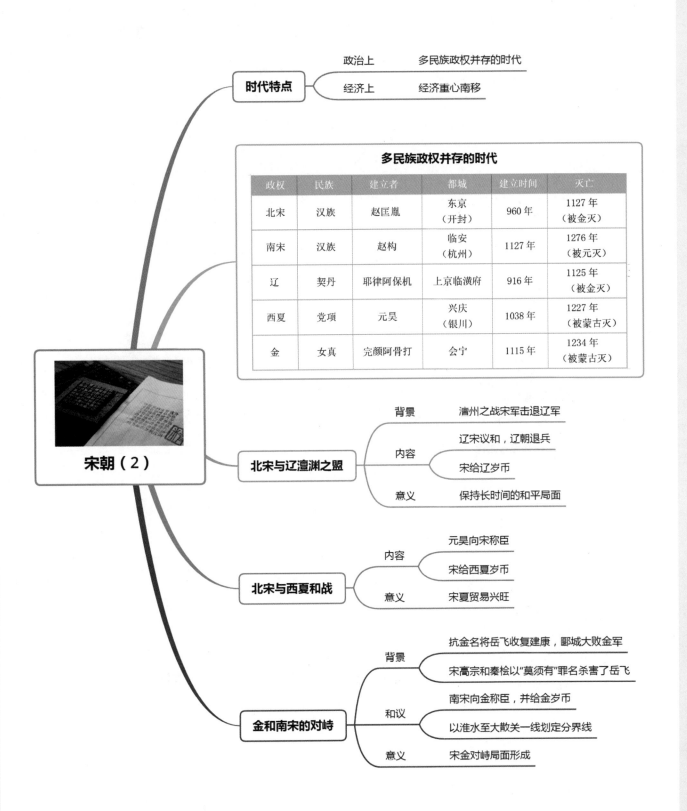

时代特点
- 政治上 —— 多民族政权并存的时代
- 经济上 —— 经济重心南移

多民族政权并存的时代

政权	民族	建立者	都城	建立时间	灭亡
北宋	汉族	赵匡胤	东京（开封）	960 年	1127 年（被金灭）
南宋	汉族	赵构	临安（杭州）	1127 年	1276 年（被元灭）
辽	契丹	耶律阿保机	上京临潢府	916 年	1125 年（被金灭）
西夏	党项	元昊	兴庆（银川）	1038 年	1227 年（被蒙古灭）
金	女真	完颜阿骨打	会宁	1115 年	1234 年（被蒙古灭）

宋朝（2）

北宋与辽澶渊之盟
- 背景 —— 澶州之战宋军击退辽军
- 内容
  - 辽宋议和，辽朝退兵
  - 宋给辽岁币
- 意义 —— 保持长时间的和平局面

北宋与西夏和战
- 内容
  - 元昊向宋称臣
  - 宋给西夏岁币
- 意义 —— 宋夏贸易兴旺

金和南宋的对峙
- 背景
  - 抗金名将岳飞收复建康，郾城大败金军
  - 宋高宗和秦桧以"莫须有"罪名杀害了岳飞
- 和议
  - 南宋向金称臣，并给金岁币
  - 以淮水至大散关一线划定分界线
- 意义 —— 宋金对峙局面形成

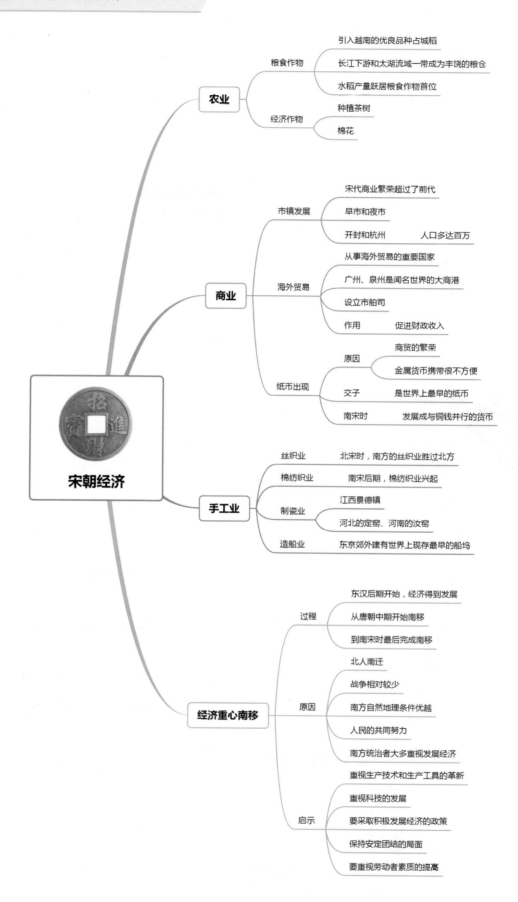

农业
　粮食作物
　　引入越南的优良品种占城稻
　　长江下游和太湖流域一带成为丰饶的粮仓
　　水稻产量跃居粮食作物首位
　经济作物
　　种植茶树
　　棉花

商业
　市镇发展
　　宋代商业繁荣超过了前代
　　早市和夜市
　　开封和杭州　　人口多达百万
　海外贸易
　　从事海外贸易的重要国家
　　广州、泉州是闻名世界的大商港
　　设立市舶司
　　作用　　促进财政收入
　纸币出现
　　原因
　　　商贸的繁荣
　　　金属货币携带很不方便
　　交子　　是世界上最早的纸币
　　南宋时　　发展成与铜钱并行的货币

宋朝经济

手工业
　丝织业　　北宋时，南方的丝织业胜过北方
　棉纺织业　　南宋后期，棉纺织业兴起
　制瓷业
　　江西景德镇
　　河北的定窑、河南的汝窑
　造船业　　东京郊外建有世界上现存最早的船坞

经济重心南移
　过程
　　东汉后期开始，经济得到发展
　　从唐朝中期开始南移
　　到南宋时最后完成南移
　原因
　　北人南迁
　　战争相对较少
　　南方自然地理条件优越
　　人民的共同努力
　　南方统治者大多重视发展经济
　启示
　　重视生产技术和生产工具的革新
　　重视科技的发展
　　要采取积极发展经济的政策
　　保持安定团结的局面
　　要重视劳动者素质的提高

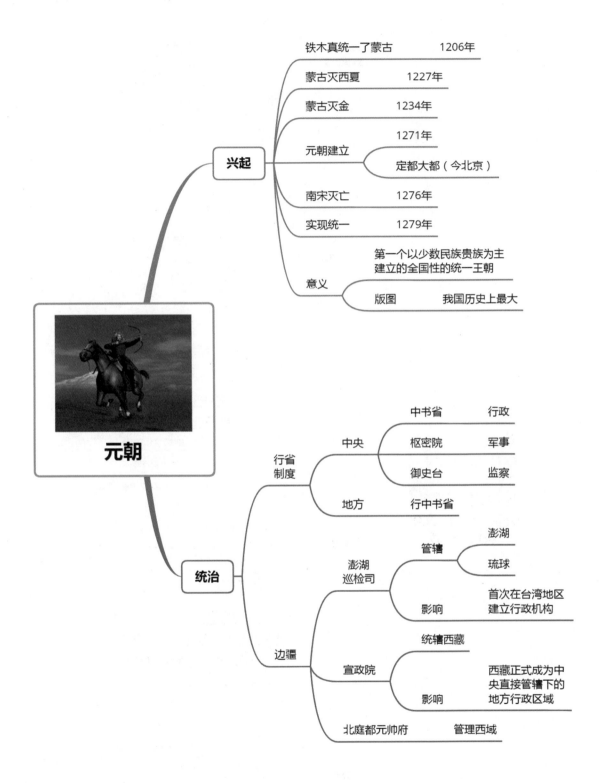

铁木真统一了蒙古　　1206年

蒙古灭西夏　　1227年

蒙古灭金　　1234年

元朝建立　　1271年

定都大都（今北京）

南宋灭亡　　1276年

实现统一　　1279年

兴起

意义　　第一个以少数民族贵族为主建立的全国性的统一王朝

版图　　我国历史上最大

元朝

统治

行省制度

中央

中书省　　行政

枢密院　　军事

御史台　　监察

地方　　行中书省

边疆

澎湖巡检司

管辖

澎湖

琉球

影响　　首次在台湾地区建立行政机构

宣政院

统辖西藏

影响　　西藏正式成为中央直接管辖下的地方行政区域

北庭都元帅府　　管理西域

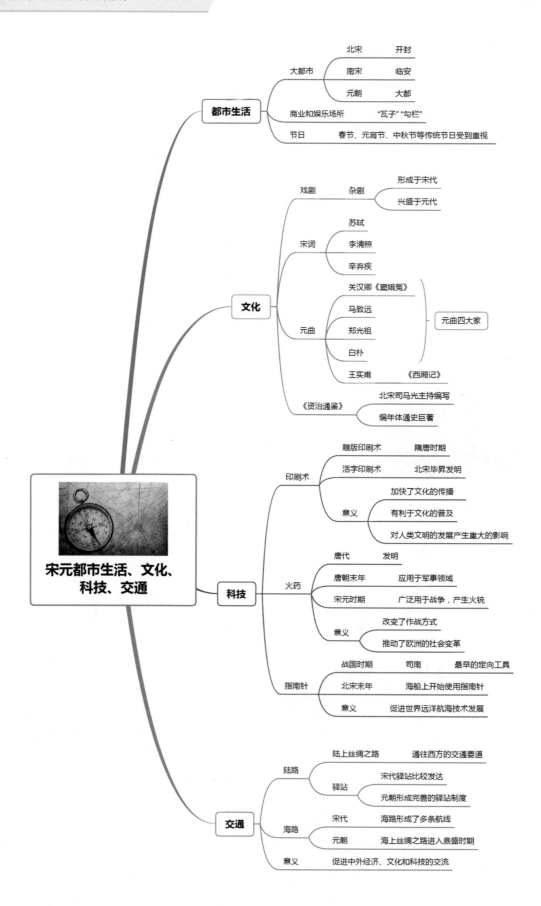

都市生活
- 大都市
  - 北宋 —— 开封
  - 南宋 —— 临安
  - 元朝 —— 大都
- 商业和娱乐场所 —— "瓦子""勾栏"
- 节日 —— 春节、元宵节、中秋节等传统节日受到重视

文化
- 戏剧 —— 杂剧
  - 形成于宋代
  - 兴盛于元代
- 宋词
  - 苏轼
  - 李清照
  - 辛弃疾
- 元曲
  - 关汉卿《窦娥冤》
  - 马致远
  - 郑光祖
  - 白朴
  - —— 元曲四大家
  - 王实甫 —— 《西厢记》
- 《资治通鉴》
  - 北宋司马光主持编写
  - 编年体通史巨著

宋元都市生活、文化、科技、交通

科技
- 印刷术
  - 雕版印刷术 —— 隋唐时期
  - 活字印刷术 —— 北宋毕昇发明
  - 意义
    - 加快了文化的传播
    - 有利于文化的普及
    - 对人类文明的发展产生重大的影响
- 火药
  - 唐代 —— 发明
  - 唐朝末年 —— 应用于军事领域
  - 宋元时期 —— 广泛用于战争，产生火铳
  - 意义
    - 改变了作战方式
    - 推动了欧洲的社会变革
- 指南针
  - 战国时期 —— 司南 —— 最早的定向工具
  - 北宋末年 —— 海船上开始使用指南针
  - 意义 —— 促进世界远洋航海技术发展

交通
- 陆路
  - 陆上丝绸之路 —— 通往西方的交通要道
  - 驿站
    - 宋代驿站比较发达
    - 元朝形成完善的驿站制度
- 海路
  - 宋代 —— 海路形成了多条航线
  - 元朝 —— 海上丝绸之路进入鼎盛时期
- 意义 —— 促进中外经济、文化和科技的交流

第三单元 明清时期：统一多民族国家的巩固与发展

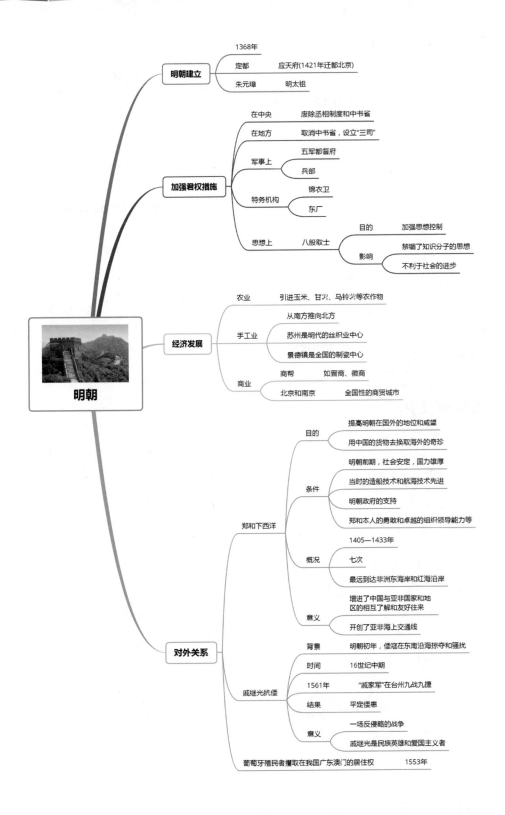

明朝

- **明朝建立**
  - 1368年
  - 定都 —— 应天府(1421年迁都北京)
  - 朱元璋 —— 明太祖

- **加强君权措施**
  - 在中央 —— 废除丞相制度和中书省
  - 在地方 —— 取消中书省，设立"三司"
  - 军事上
    - 五军都督府
    - 兵部
  - 特务机构
    - 锦衣卫
    - 东厂
  - 思想上 —— 八股取士
    - 目的 —— 加强思想控制
    - 影响
      - 禁锢了知识分子的思想
      - 不利于社会的进步

- **经济发展**
  - 农业 —— 引进玉米、甘薯、马铃薯等农作物
  - 手工业
    - 从南方推向北方
    - 苏州是明代的丝织业中心
    - 景德镇是全国的制瓷中心
  - 商业
    - 商帮 —— 如晋商、徽商
    - 北京和南京 —— 全国性的商贸城市

- **对外关系**
  - 郑和下西洋
    - 目的
      - 提高明朝在国外的地位和威望
      - 用中国的货物去换取海外的奇珍
    - 条件
      - 明朝前期，社会安定，国力雄厚
      - 当时的造船技术和航海技术先进
      - 明朝政府的支持
      - 郑和本人的勇敢和卓越的组织领导能力等
    - 概况
      - 1405—1433年
      - 七次
      - 最远到达非洲东海岸和红海沿岸
    - 意义
      - 增进了中国与亚非国家和地区的相互了解和友好往来
      - 开创了亚非海上交通线
  - 戚继光抗倭
    - 背景 —— 明朝初年，倭寇在东南沿海掠夺和骚扰
    - 时间 —— 16世纪中期
    - 1561年 —— "戚家军"在台州九战九捷
    - 结果 —— 平定倭患
    - 意义
      - 一场反侵略的战争
      - 戚继光是民族英雄和爱国主义者
  - 葡萄牙殖民者攫取在我国广东澳门的居住权 —— 1553年

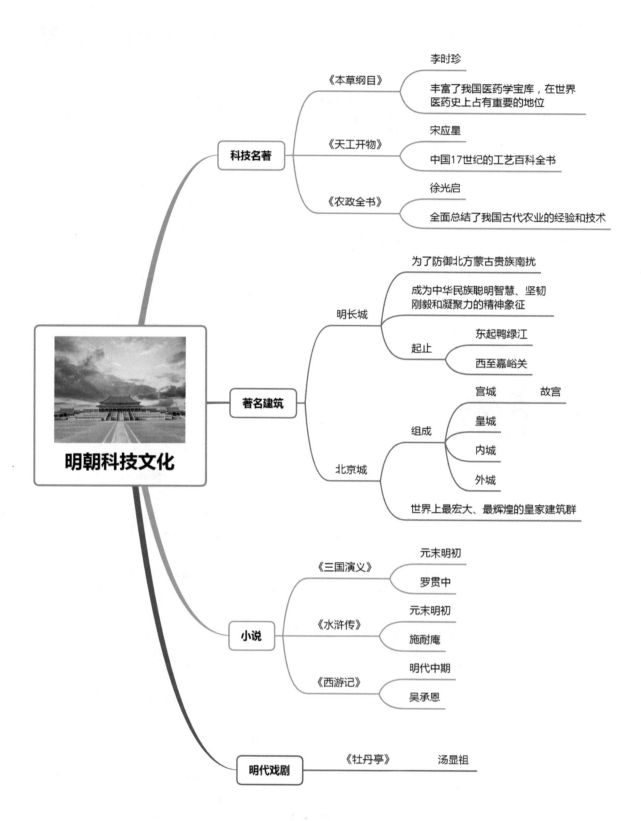

明朝科技文化

- 科技名著
  - 《本草纲目》
    - 李时珍
    - 丰富了我国医药学宝库，在世界医药史上占有重要的地位
  - 《天工开物》
    - 宋应星
    - 中国17世纪的工艺百科全书
  - 《农政全书》
    - 徐光启
    - 全面总结了我国古代农业的经验和技术

- 著名建筑
  - 明长城
    - 为了防御北方蒙古贵族南扰
    - 成为中华民族聪明智慧、坚韧刚毅和凝聚力的精神象征
    - 起止
      - 东起鸭绿江
      - 西至嘉峪关
  - 北京城
    - 组成
      - 宫城　故宫
      - 皇城
      - 内城
      - 外城
    - 世界上最宏大、最辉煌的皇家建筑群

- 小说
  - 《三国演义》
    - 元末明初
    - 罗贯中
  - 《水浒传》
    - 元末明初
    - 施耐庵
  - 《西游记》
    - 明代中期
    - 吴承恩

- 明代戏剧
  - 《牡丹亭》　汤显祖

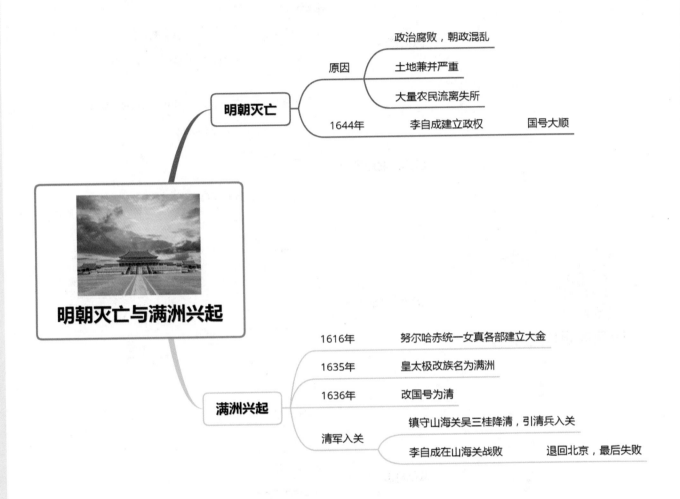

明朝灭亡

　　原因
　　　　政治腐败，朝政混乱
　　　　土地兼并严重
　　　　大量农民流离失所
　　1644年　李自成建立政权　国号大顺

明朝灭亡与满洲兴起

满洲兴起
　　1616年　努尔哈赤统一女真各部建立大金
　　1635年　皇太极改族名为满洲
　　1636年　改国号为清
　　清军入关
　　　　镇守山海关吴三桂降清，引清兵入关
　　　　李自成在山海关战败　退回北京，最后失败

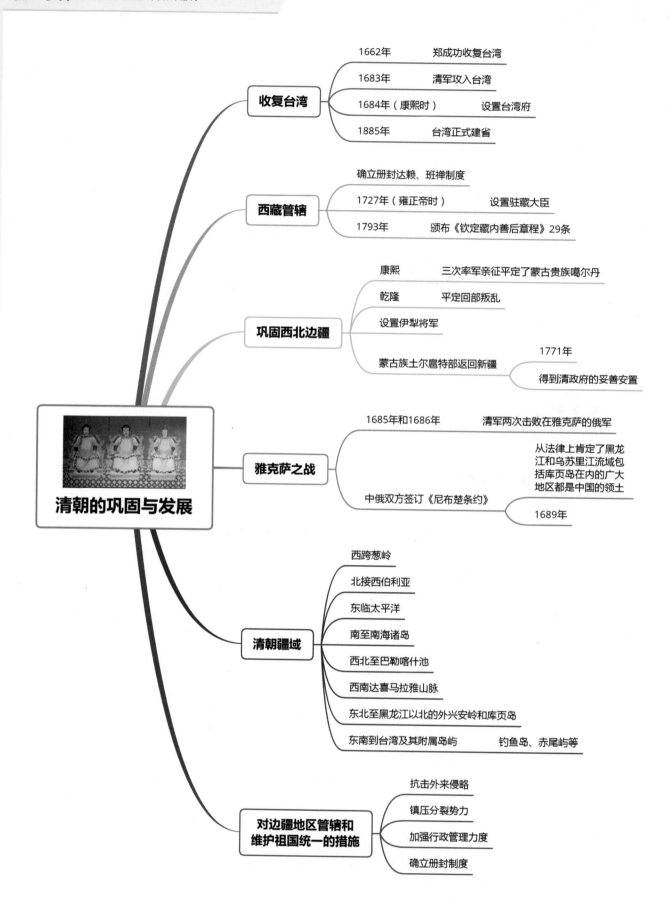

清朝的巩固与发展

收复台湾
- 1662年 —— 郑成功收复台湾
- 1683年 —— 清军攻入台湾
- 1684年（康熙时）—— 设置台湾府
- 1885年 —— 台湾正式建省

西藏管辖
- 确立册封达赖、班禅制度
- 1727年（雍正帝时）—— 设置驻藏大臣
- 1793年 —— 颁布《钦定藏内善后章程》29条

巩固西北边疆
- 康熙 —— 三次率军亲征平定了蒙古贵族噶尔丹
- 乾隆 —— 平定回部叛乱
- 设置伊犁将军
- 蒙古族土尔扈特部返回新疆 —— 1771年 —— 得到清政府的妥善安置

雅克萨之战
- 1685年和1686年 —— 清军两次击败在雅克萨的俄军
- 中俄双方签订《尼布楚条约》—— 从法律上肯定了黑龙江和乌苏里江流域包括库页岛在内的广大地区都是中国的领土 —— 1689年

清朝疆域
- 西跨葱岭
- 北接西伯利亚
- 东临太平洋
- 南至南海诸岛
- 西北至巴勒喀什池
- 西南达喜马拉雅山脉
- 东北至黑龙江以北的外兴安岭和库页岛
- 东南到台湾及其附属岛屿 —— 钓鱼岛、赤尾屿等

对边疆地区管辖和维护祖国统一的措施
- 抗击外来侵略
- 镇压分裂势力
- 加强行政管理力度
- 确立册封制度

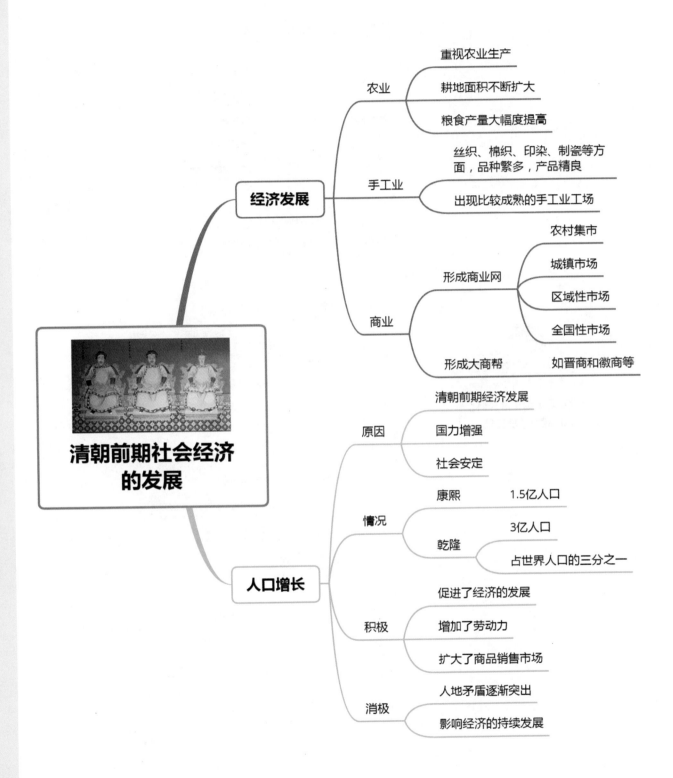

清朝前期社会经济的发展

经济发展
- 农业
  - 重视农业生产
  - 耕地面积不断扩大
  - 粮食产量大幅度提高
- 手工业
  - 丝织、棉织、印染、制瓷等方面，品种繁多，产品精良
  - 出现比较成熟的手工业工场
- 商业
  - 形成商业网
    - 农村集市
    - 城镇市场
    - 区域性市场
    - 全国性市场
  - 形成大商帮 —— 如晋商和徽商等

人口增长
- 原因
  - 清朝前期经济发展
  - 国力增强
  - 社会安定
- 情况
  - 康熙 —— 1.5亿人口
  - 乾隆 —— 3亿人口
  - 占世界人口的三分之一
- 积极
  - 促进了经济的发展
  - 增加了劳动力
  - 扩大了商品销售市场
- 消极
  - 人地矛盾逐渐突出
  - 影响经济的持续发展

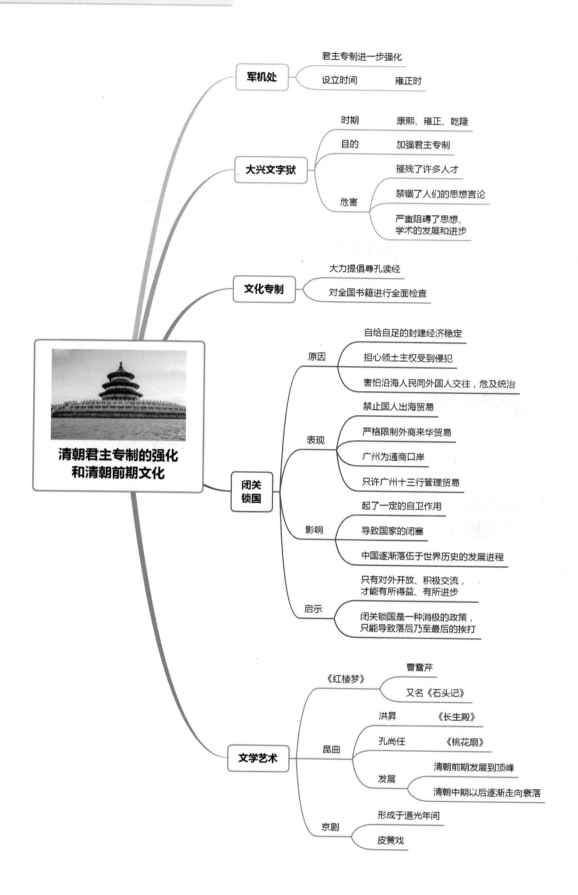

军机处 —— 君主专制进一步强化
　　　　　—— 设立时间 —— 雍正时

大兴文字狱 —— 时期 —— 康熙、雍正、乾隆
　　　　　　—— 目的 —— 加强君主专制
　　　　　　—— 危害 —— 摧残了许多人才
　　　　　　　　　　　—— 禁锢了人们的思想言论
　　　　　　　　　　　—— 严重阻碍了思想、学术的发展和进步

文化专制 —— 大力提倡尊孔读经
　　　　　—— 对全国书籍进行全面检查

清朝君主专制的强化和清朝前期文化

闭关锁国 —— 原因 —— 自给自足的封建经济稳定
　　　　　　　　　—— 担心领土主权受到侵犯
　　　　　　　　　—— 害怕沿海人民同外国人交往，危及统治
　　　　　—— 表现 —— 禁止国人出海贸易
　　　　　　　　　—— 严格限制外商来华贸易
　　　　　　　　　—— 广州为通商口岸
　　　　　　　　　—— 只许广州十三行管理贸易
　　　　　—— 影响 —— 起了一定的自卫作用
　　　　　　　　　—— 导致国家的闭塞
　　　　　　　　　—— 中国逐渐落伍于世界历史的发展进程
　　　　　—— 启示 —— 只有对外开放、积极交流，才能有所得益、有所进步
　　　　　　　　　—— 闭关锁国是一种消极的政策，只能导致落后乃至最后的挨打

文学艺术 —— 《红楼梦》 —— 曹雪芹
　　　　　　　　　　　—— 又名《石头记》
　　　　　—— 昆曲 —— 洪昇 —— 《长生殿》
　　　　　　　　　—— 孔尚任 —— 《桃花扇》
　　　　　　　　　—— 发展 —— 清朝前期发展到顶峰
　　　　　　　　　　　　　—— 清朝中期以后逐渐走向衰落
　　　　　—— 京剧 —— 形成于道光年间
　　　　　　　　　—— 皮黄戏

道德与法治

七年级上册《道德与法治》思维导图

第一单元 成长的节拍

第一课 中学时代

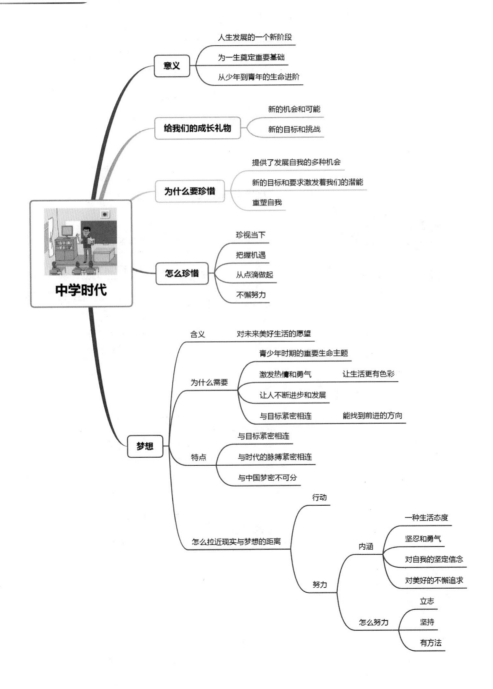

中学时代

- **意义**
  - 人生发展的一个新阶段
  - 为一生奠定重要基础
  - 从少年到青年的生命进阶

- **给我们的成长礼物**
  - 新的机会和可能
  - 新的目标和挑战

- **为什么要珍惜**
  - 提供了发展自我的多种机会
  - 新的目标和要求激发着我们的潜能
  - 重塑自我

- **怎么珍惜**
  - 珍视当下
  - 把握机遇
  - 从点滴做起
  - 不懈努力

- **梦想**
  - 含义 —— 对未来美好生活的愿望
  - 为什么需要
    - 青少年时期的重要生命主题
    - 激发热情和勇气 —— 让生活更有色彩
    - 让人不断进步和发展
    - 与目标紧密相连 —— 能找到前进的方向
  - 特点
    - 与目标紧密相连
    - 与时代的脉搏紧密相连
    - 与中国梦密不可分
  - 怎么拉近现实与梦想的距离
    - 行动
    - 努力
      - 内涵
        - 一种生活态度
        - 坚忍和勇气
        - 对自我的坚定信念
        - 对美好的不懈追求
      - 怎么努力
        - 立志
        - 坚持
        - 有方法

第二课 学习新天地

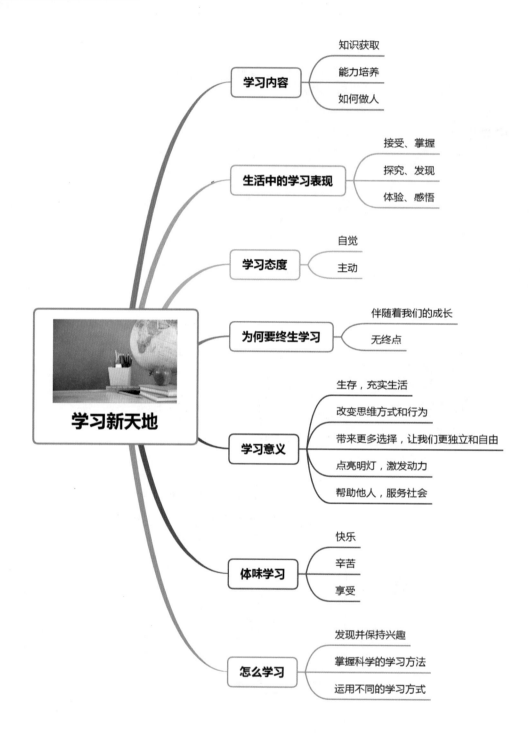

学习新天地

学习内容
- 知识获取
- 能力培养
- 如何做人

生活中的学习表现
- 接受、掌握
- 探究、发现
- 体验、感悟

学习态度
- 自觉
- 主动

为何要终生学习
- 伴随着我们的成长
- 无终点

学习意义
- 生存，充实生活
- 改变思维方式和行为
- 带来更多选择，让我们更独立和自由
- 点亮明灯，激发动力
- 帮助他人，服务社会

体味学习
- 快乐
- 辛苦
- 享受

怎么学习
- 发现并保持兴趣
- 掌握科学的学习方法
- 运用不同的学习方式

第三课 发现自己

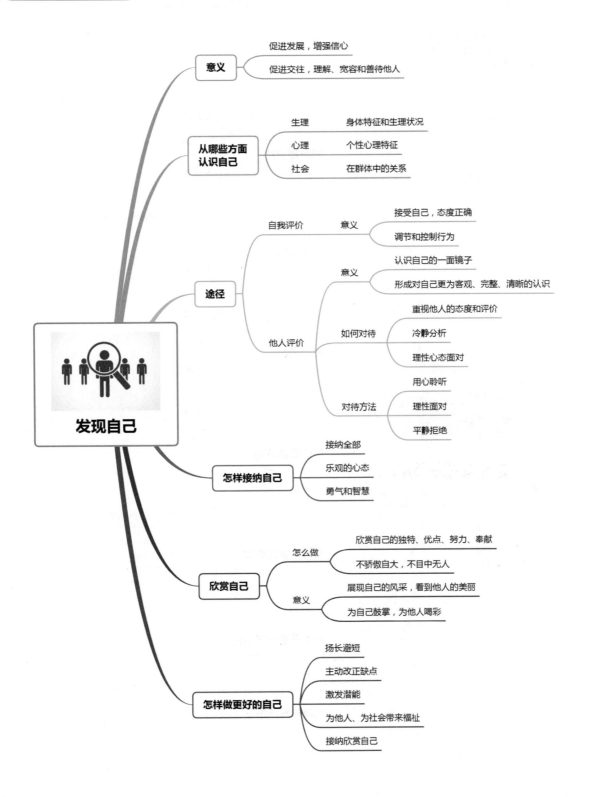

发现自己

- 意义
  - 促进发展，增强信心
  - 促进交往，理解、宽容和善待他人
- 从哪些方面认识自己
  - 生理 —— 身体特征和生理状况
  - 心理 —— 个性心理特征
  - 社会 —— 在群体中的关系
- 途径
  - 自我评价
    - 意义
      - 接受自己，态度正确
      - 调节和控制行为
  - 他人评价
    - 意义
      - 认识自己的一面镜子
      - 形成对自己更为客观、完整、清晰的认识
    - 如何对待
      - 重视他人的态度和评价
      - 冷静分析
      - 理性心态面对
    - 对待方法
      - 用心聆听
      - 理性面对
      - 平静拒绝
- 怎样接纳自己
  - 接纳全部
  - 乐观的心态
  - 勇气和智慧
- 欣赏自己
  - 怎么做
    - 欣赏自己的独特、优点、努力、奉献
    - 不骄傲自大，不目中无人
  - 意义
    - 展现自己的风采，看到他人的美丽
    - 为自己鼓掌，为他人喝彩
- 怎样做更好的自己
  - 扬长避短
  - 主动改正缺点
  - 激发潜能
  - 为他人、为社会带来福祉
  - 接纳欣赏自己

第二单元　友谊的天空

第四课　友谊与成长同行

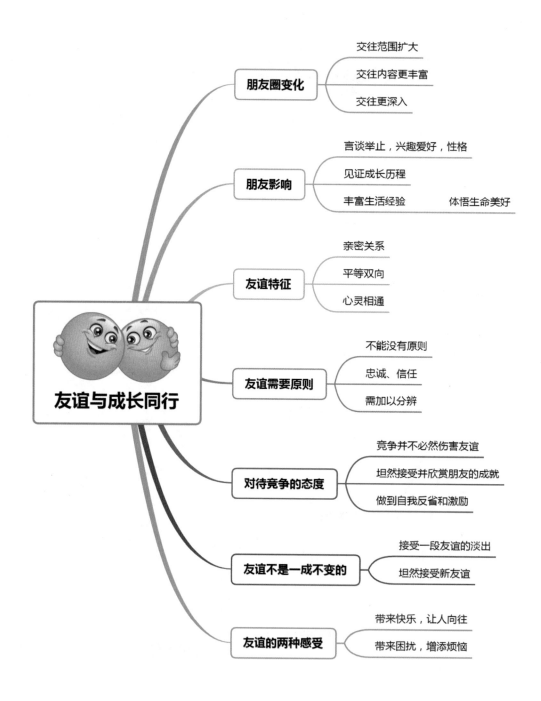

友谊与成长同行

朋友圈变化
- 交往范围扩大
- 交往内容更丰富
- 交往更深入

朋友影响
- 言谈举止，兴趣爱好，性格
- 见证成长历程
- 丰富生活经验 —— 体悟生命美好

友谊特征
- 亲密关系
- 平等双向
- 心灵相通

友谊需要原则
- 不能没有原则
- 忠诚、信任
- 需加以分辨

对待竞争的态度
- 竞争并不必然伤害友谊
- 坦然接受并欣赏朋友的成就
- 做到自我反省和激励

友谊不是一成不变的
- 接受一段友谊的淡出
- 坦然接受新友谊

友谊的两种感受
- 带来快乐，让人向往
- 带来困扰，增添烦恼

第五课 交友的智慧

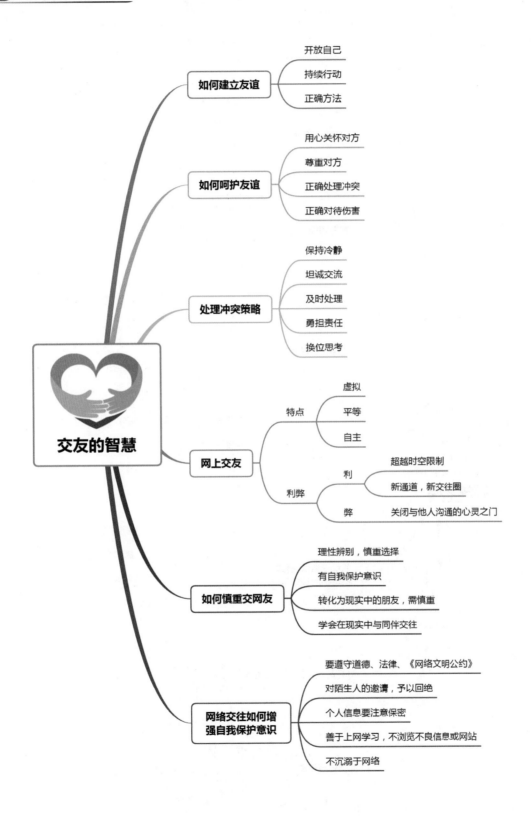

交友的智慧

如何建立友谊
- 开放自己
- 持续行动
- 正确方法

如何呵护友谊
- 用心关怀对方
- 尊重对方
- 正确处理冲突
- 正确对待伤害

处理冲突策略
- 保持冷静
- 坦诚交流
- 及时处理
- 勇担责任
- 换位思考

网上交友
- 特点
  - 虚拟
  - 平等
  - 自主
- 利弊
  - 利
    - 超越时空限制
    - 新通道，新交往圈
  - 弊
    - 关闭与他人沟通的心灵之门

如何慎重交网友
- 理性辨别，慎重选择
- 有自我保护意识
- 转化为现实中的朋友，需慎重
- 学会在现实中与同伴交往

网络交往如何增强自我保护意识
- 要遵守道德、法律、《网络文明公约》
- 对陌生人的邀请，予以回绝
- 个人信息要注意保密
- 善于上网学习，不浏览不良信息或网站
- 不沉溺于网络

第三单元　师长情谊

第六课　师生之间

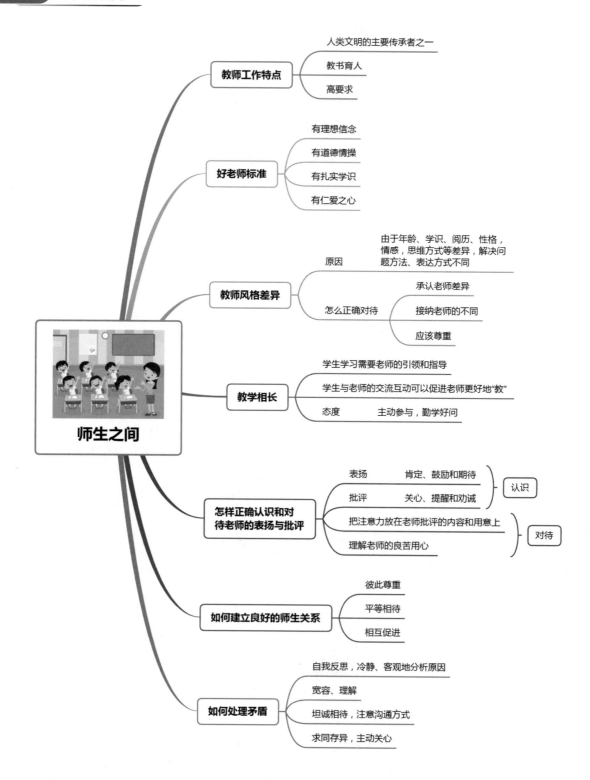

师生之间

- 教师工作特点
  - 人类文明的主要传承者之一
  - 教书育人
  - 高要求

- 好老师标准
  - 有理想信念
  - 有道德情操
  - 有扎实学识
  - 有仁爱之心

- 教师风格差异
  - 原因　由于年龄、学识、阅历、性格，情感，思维方式等差异，解决问题方法、表达方式不同
  - 怎么正确对待
    - 承认老师差异
    - 接纳老师的不同
    - 应该尊重

- 教学相长
  - 学生学习需要老师的引领和指导
  - 学生与老师的交流互动可以促进老师更好地"教"
  - 态度　主动参与，勤学好问

- 怎样正确认识和对待老师的表扬与批评
  - 认识
    - 表扬　肯定、鼓励和期待
    - 批评　关心、提醒和劝诫
  - 对待
    - 把注意力放在老师批评的内容和用意上
    - 理解老师的良苦用心

- 如何建立良好的师生关系
  - 彼此尊重
  - 平等相待
  - 相互促进

- 如何处理矛盾
  - 自我反思，冷静、客观地分析原因
  - 宽容、理解
  - 坦诚相待，注意沟通方式
  - 求同存异，主动关心

第七课 亲情之爱

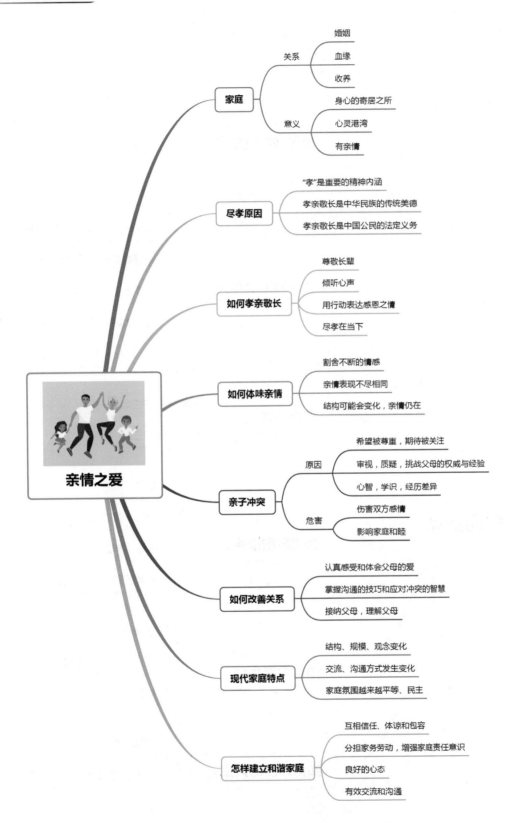

亲情之爱

- 家庭
  - 关系
    - 婚姻
    - 血缘
    - 收养
  - 意义
    - 身心的寄居之所
    - 心灵港湾
    - 有亲情
- 尽孝原因
  - "孝"是重要的精神内涵
  - 孝亲敬长是中华民族的传统美德
  - 孝亲敬长是中国公民的法定义务
- 如何孝亲敬长
  - 尊敬长辈
  - 倾听心声
  - 用行动表达感恩之情
  - 尽孝在当下
- 如何体味亲情
  - 割舍不断的情感
  - 亲情表现不尽相同
  - 结构可能会变化，亲情仍在
- 亲子冲突
  - 原因
    - 希望被尊重，期待被关注
    - 审视，质疑，挑战父母的权威与经验
    - 心智，学识，经历差异
  - 危害
    - 伤害双方感情
    - 影响家庭和睦
- 如何改善关系
  - 认真感受和体会父母的爱
  - 掌握沟通的技巧和应对冲突的智慧
  - 接纳父母，理解父母
- 现代家庭特点
  - 结构、规模、观念变化
  - 交流、沟通方式发生变化
  - 家庭氛围越来越平等、民主
- 怎样建立和谐家庭
  - 互相信任、体谅和包容
  - 分担家务劳动，增强家庭责任意识
  - 良好的心态
  - 有效交流和沟通

第四单元 生命的思考

第八课 探问生命

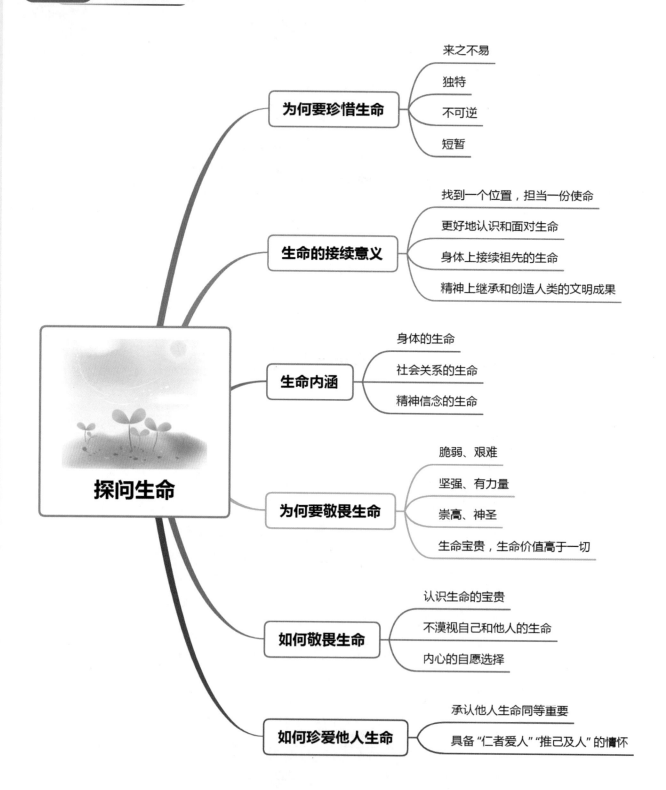

探问生命

- **为何要珍惜生命**
  - 来之不易
  - 独特
  - 不可逆
  - 短暂

- **生命的接续意义**
  - 找到一个位置，担当一份使命
  - 更好地认识和面对生命
  - 身体上接续祖先的生命
  - 精神上继承和创造人类的文明成果

- **生命内涵**
  - 身体的生命
  - 社会关系的生命
  - 精神信念的生命

- **为何要敬畏生命**
  - 脆弱、艰难
  - 坚强、有力量
  - 崇高、神圣
  - 生命宝贵，生命价值高于一切

- **如何敬畏生命**
  - 认识生命的宝贵
  - 不漠视自己和他人的生命
  - 内心的自愿选择

- **如何珍爱他人生命**
  - 承认他人生命同等重要
  - 具备"仁者爱人""推己及人"的情怀

第九课 珍视生命

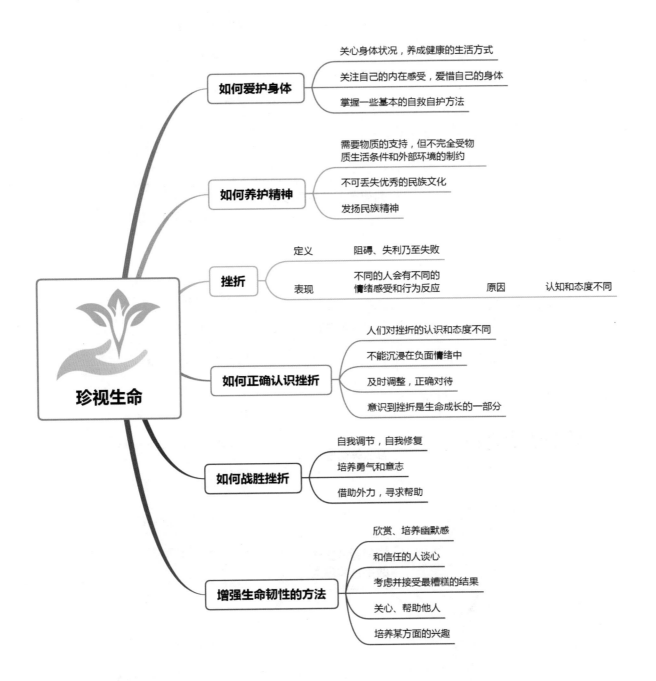

珍视生命

如何爱护身体
- 关心身体状况，养成健康的生活方式
- 关注自己的内在感受，爱惜自己的身体
- 掌握一些基本的自救自护方法

如何养护精神
- 需要物质的支持，但不完全受物质生活条件和外部环境的制约
- 不可丢失优秀的民族文化
- 发扬民族精神

挫折
- 定义　阻碍、失利乃至失败
- 表现　不同的人会有不同的情绪感受和行为反应　　原因　认知和态度不同

如何正确认识挫折
- 人们对挫折的认识和态度不同
- 不能沉浸在负面情绪中
- 及时调整，正确对待
- 意识到挫折是生命成长的一部分

如何战胜挫折
- 自我调节，自我修复
- 培养勇气和意志
- 借助外力，寻求帮助

增强生命韧性的方法
- 欣赏、培养幽默感
- 和信任的人谈心
- 考虑并接受最糟糕的结果
- 关心、帮助他人
- 培养某方面的兴趣

第十课 绽放生命之花

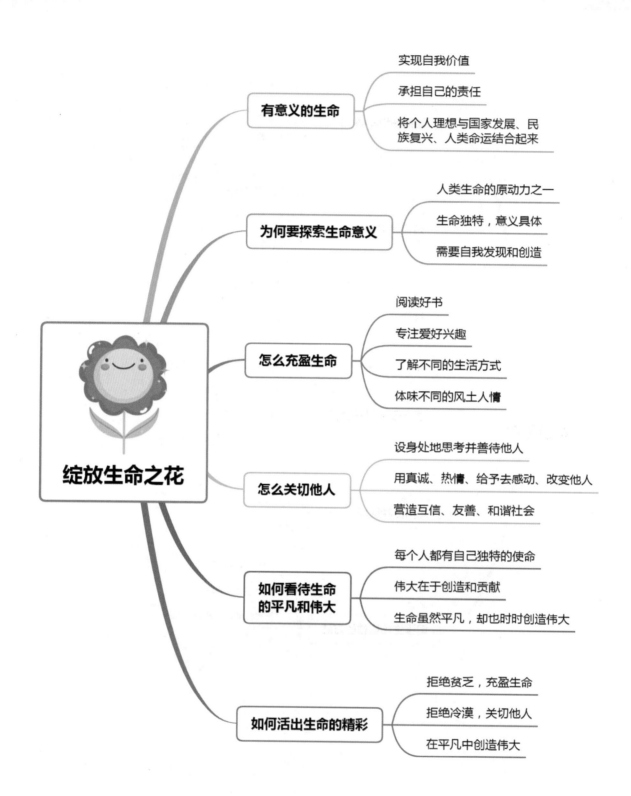

绽放生命之花

有意义的生命
- 实现自我价值
- 承担自己的责任
- 将个人理想与国家发展、民族复兴、人类命运结合起来

为何要探索生命意义
- 人类生命的原动力之一
- 生命独特，意义具体
- 需要自我发现和创造

怎么充盈生命
- 阅读好书
- 专注爱好兴趣
- 了解不同的生活方式
- 体味不同的风土人情

怎么关切他人
- 设身处地思考并善待他人
- 用真诚、热情、给予去感动、改变他人
- 营造互信、友善、和谐社会

如何看待生命的平凡和伟大
- 每个人都有自己独特的使命
- 伟大在于创造和贡献
- 生命虽然平凡，却也时时创造伟大

如何活出生命的精彩
- 拒绝贫乏，充盈生命
- 拒绝冷漠，关切他人
- 在平凡中创造伟大

七年级下册《道德与法治》思维导图

第一单元 青春时光

第一课 青春的邀约

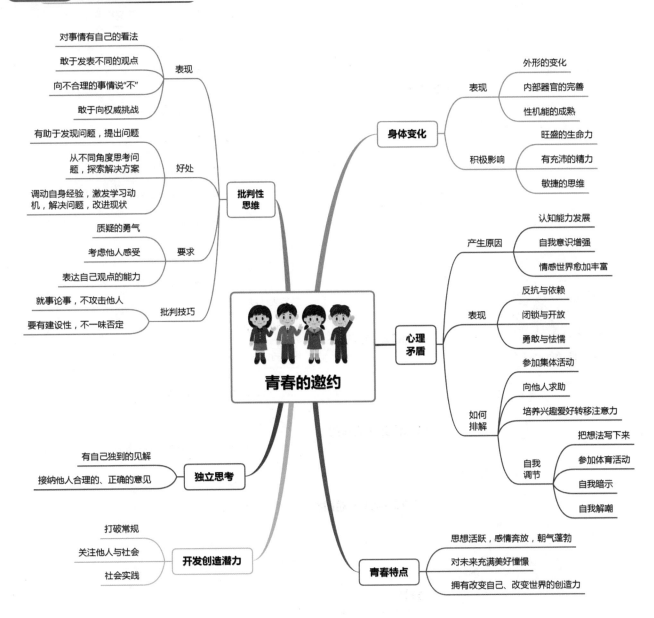

批判性思维
- 表现
  - 对事情有自己的看法
  - 敢于发表不同的观点
  - 向不合理的事情说"不"
  - 敢于向权威挑战
- 好处
  - 有助于发现问题，提出问题
  - 从不同角度思考问题，探索解决方案
  - 调动自身经验，激发学习动机，解决问题，改进现状
- 要求
  - 质疑的勇气
  - 考虑他人感受
  - 表达自己观点的能力
- 批判技巧
  - 就事论事，不攻击他人
  - 要有建设性，不一味否定

独立思考
- 有自己独到的见解
- 接纳他人合理的、正确的意见

开发创造潜力
- 打破常规
- 关注他人与社会
- 社会实践

青春的邀约

身体变化
- 表现
  - 外形的变化
  - 内部器官的完善
  - 性机能的成熟
- 积极影响
  - 旺盛的生命力
  - 有充沛的精力
  - 敏捷的思维

心理矛盾
- 产生原因
  - 认知能力发展
  - 自我意识增强
  - 情感世界愈加丰富
- 表现
  - 反抗与依赖
  - 闭锁与开放
  - 勇敢与怯懦
- 如何排解
  - 参加集体活动
  - 向他人求助
  - 培养兴趣爱好转移注意力
  - 自我调节
    - 把想法写下来
    - 参加体育活动
    - 自我暗示
    - 自我解嘲

青春特点
- 思想活跃，感情奔放，朝气蓬勃
- 对未来充满美好憧憬
- 拥有改变自己、改变世界的创造力

第二课 青春的心弦

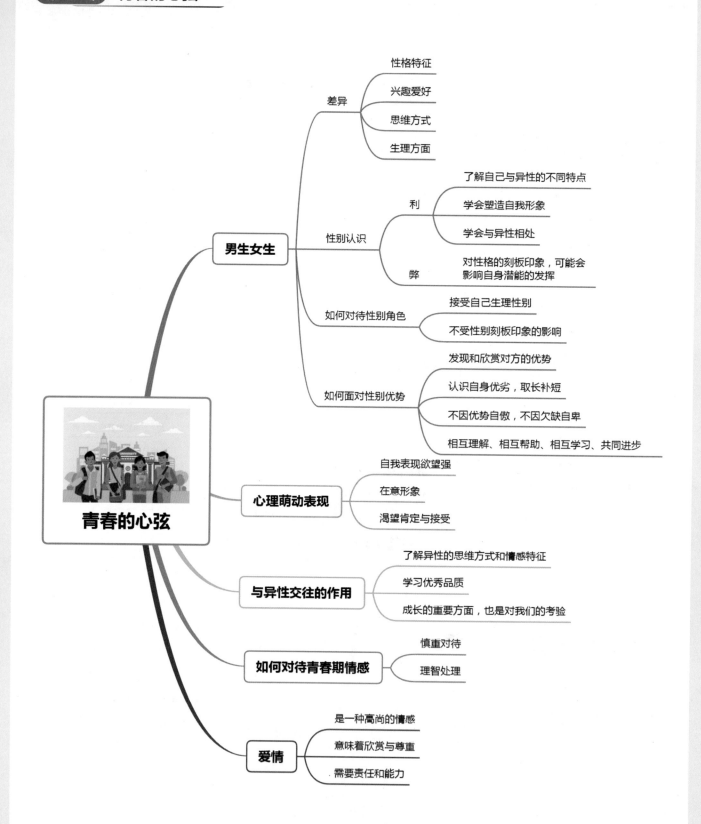

青春的心弦

男生女生
- 差异
  - 性格特征
  - 兴趣爱好
  - 思维方式
  - 生理方面
- 性别认识
  - 利
    - 了解自己与异性的不同特点
    - 学会塑造自我形象
    - 学会与异性相处
  - 弊
    - 对性格的刻板印象，可能会影响自身潜能的发挥
- 如何对待性别角色
  - 接受自己生理性别
  - 不受性别刻板印象的影响
- 如何面对性别优势
  - 发现和欣赏对方的优势
  - 认识自身优劣，取长补短
  - 不因优势自傲，不因欠缺自卑
  - 相互理解、相互帮助、相互学习、共同进步

心理萌动表现
- 自我表现欲望强
- 在意形象
- 渴望肯定与接受

与异性交往的作用
- 了解异性的思维方式和情感特征
- 学习优秀品质
- 成长的重要方面，也是对我们的考验

如何对待青春期情感
- 慎重对待
- 理智处理

爱情
- 是一种高尚的情感
- 意味着欣赏与尊重
- 需要责任和能力

第三课 青春的证明

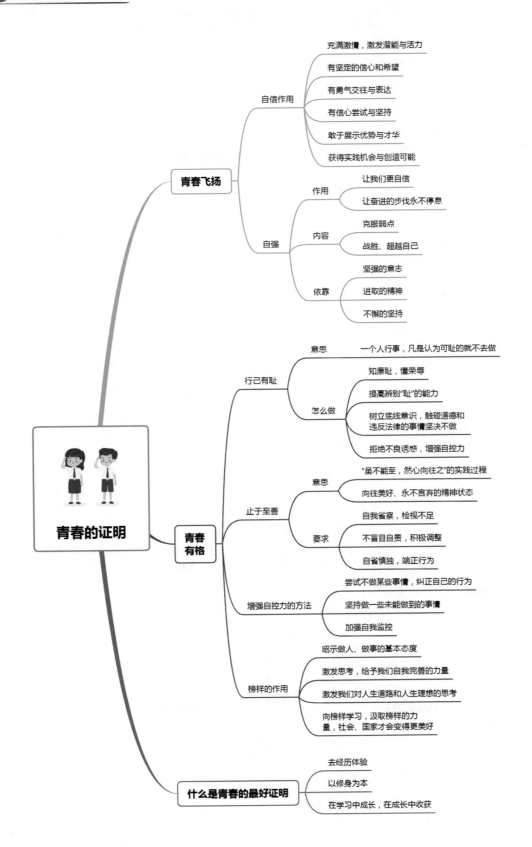

青春的证明

青春飞扬
- 自信作用
  - 充满激情，激发潜能与活力
  - 有坚定的信心和希望
  - 有勇气交往与表达
  - 有信心尝试与坚持
  - 敢于展示优势与才华
  - 获得实践机会与创造可能
- 自强
  - 作用
    - 让我们更自信
    - 让奋进的步伐永不停息
  - 内容
    - 克服弱点
    - 战胜、超越自己
  - 依靠
    - 坚强的意志
    - 进取的精神
    - 不懈的坚持

青春有格
- 行己有耻
  - 意思
    - 一个人行事，凡是认为可耻的就不去做
  - 怎么做
    - 知廉耻，懂荣辱
    - 提高辨别"耻"的能力
    - 树立底线意识，触碰道德和违反法律的事情坚决不做
    - 拒绝不良诱惑，增强自控力
- 止于至善
  - 意思
    - "虽不能至，然心向往之"的实践过程
    - 向往美好、永不言弃的精神状态
  - 要求
    - 自我省察，检视不足
    - 不盲目自责，积极调整
    - 自省慎独，端正行为
- 增强自控力的方法
  - 尝试不做某些事情，纠正自己的行为
  - 坚持做一些未能做到的事情
  - 加强自我监控
- 榜样的作用
  - 昭示做人、做事的基本态度
  - 激发思考，给予我们自我完善的力量
  - 激发我们对人生道路和人生理想的思考
  - 向榜样学习，汲取榜样的力量，社会、国家才会变得更美好

什么是青春的最好证明
- 去经历体验
- 以修身为本
- 在学习中成长，在成长中收获

第二单元 做情绪情感的主人

第四课 揭开情绪的面纱

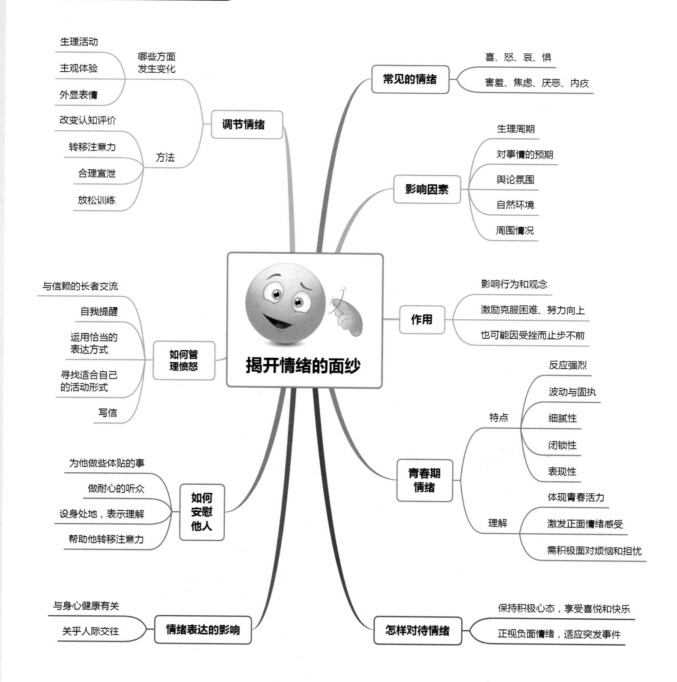

生理活动
主观体验
外显表情 ──哪些方面发生变化

改变认知评价
转移注意力
合理宣泄 ──方法 ──调节情绪
放松训练

与信赖的长者交流
自我提醒
运用恰当的表达方式 ──如何管理愤怒
寻找适合自己的活动形式
写信

为他做些体贴的事
做耐心的听众
设身处地，表示理解 ──如何安慰他人
帮助他转移注意力

与身心健康有关
关乎人际交往 ──情绪表达的影响

揭开情绪的面纱

常见的情绪 ──喜、怒、哀、惧 ／ 害羞、焦虑、厌恶、内疚

生理周期
对事情的预期
舆论氛围 ──影响因素
自然环境
周围情况

影响行为和观念
激励克服困难、努力向上 ──作用
也可能因受挫而止步不前

反应强烈
波动与固执
细腻性 ──特点
闭锁性
表现性 ──青春期情绪

体现青春活力
激发正面情绪感受 ──理解
需积极面对烦恼和担忧

保持积极心态，享受喜悦和快乐
正视负面情绪，适应突发事件 ──怎样对待情绪

第五课 品味情感的韵味

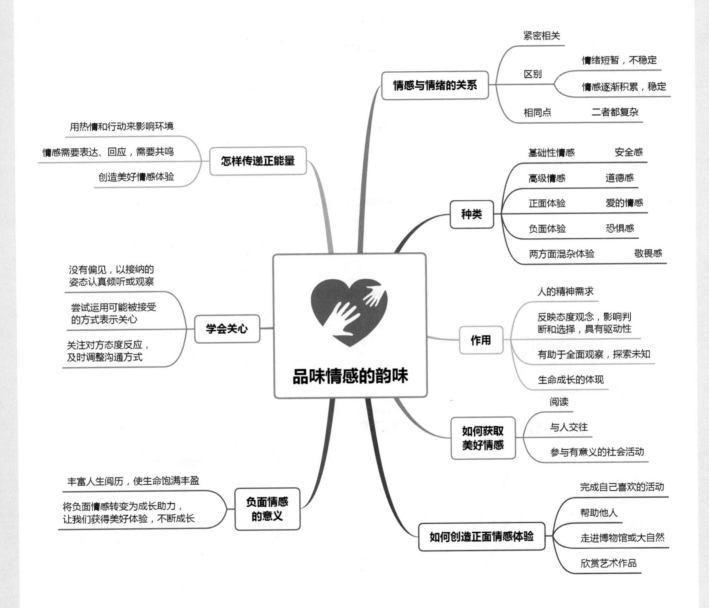

情感与情绪的关系
- 紧密相关
- 区别
  - 情绪短暂，不稳定
  - 情感逐渐积累，稳定
- 相同点　二者都复杂

怎样传递正能量
- 用热情和行动来影响环境
- 情感需要表达、回应，需要共鸣
- 创造美好情感体验

种类
- 基础性情感　安全感
- 高级情感　道德感
- 正面体验　爱的情感
- 负面体验　恐惧感
- 两方面混杂体验　敬畏感

学会关心
- 没有偏见，以接纳的姿态认真倾听或观察
- 尝试运用可能被接受的方式表示关心
- 关注对方态度反应，及时调整沟通方式

作用
- 人的精神需求
- 反映态度观念，影响判断和选择，具有驱动性
- 有助于全面观察，探索未知
- 生命成长的体现

品味情感的韵味

如何获取美好情感
- 阅读
- 与人交往
- 参与有意义的社会活动

负面情感的意义
- 丰富人生阅历，使生命饱满丰盈
- 将负面情感转变为成长助力，让我们获得美好体验，不断成长

如何创造正面情感体验
- 完成自己喜欢的活动
- 帮助他人
- 走进博物馆或大自然
- 欣赏艺术作品

第三单元　在集体中成长

第六课　"我"和"我们"

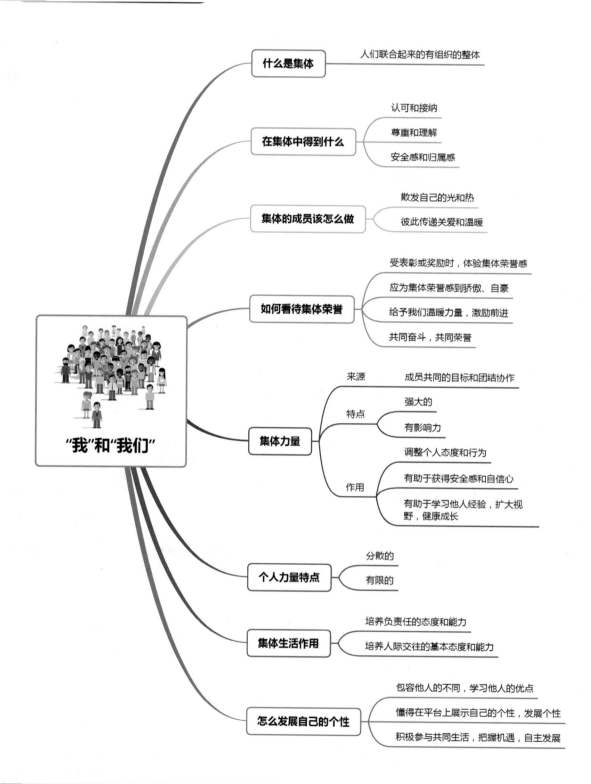

"我"和"我们"

什么是集体 —— 人们联合起来的有组织的整体

在集体中得到什么
- 认可和接纳
- 尊重和理解
- 安全感和归属感

集体的成员该怎么做
- 散发自己的光和热
- 彼此传递关爱和温暖

如何看待集体荣誉
- 受表彰或奖励时，体验集体荣誉感
- 应为集体荣誉感到骄傲、自豪
- 给予我们温暖力量，激励前进
- 共同奋斗，共同荣誉

集体力量
- 来源 —— 成员共同的目标和团结协作
- 特点
  - 强大的
  - 有影响力
- 作用
  - 调整个人态度和行为
  - 有助于获得安全感和自信心
  - 有助于学习他人经验，扩大视野，健康成长

个人力量特点
- 分散的
- 有限的

集体生活作用
- 培养负责任的态度和能力
- 培养人际交往的基本态度和能力

怎么发展自己的个性
- 包容他人的不同，学习他人的优点
- 懂得在平台上展示自己的个性，发展个性
- 积极参与共同生活，把握机遇，自主发展

第七课 共奏和谐乐章

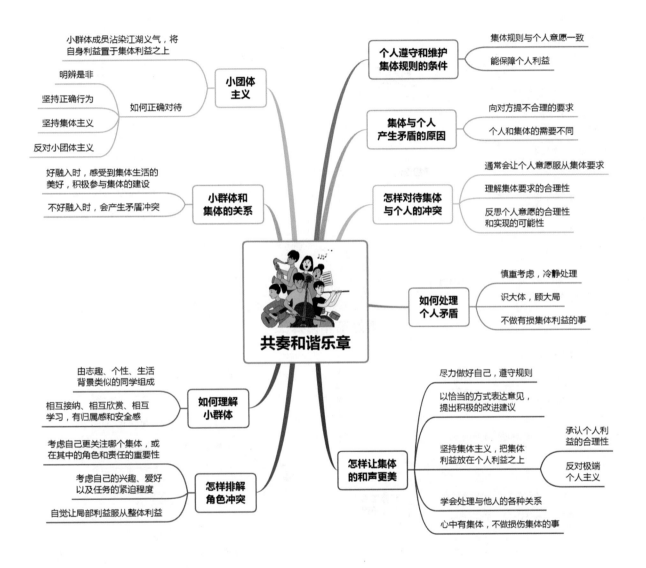

小群体成员沾染江湖义气，将自身利益置于集体利益之上

明辨是非
坚持正确行为 —— 如何正确对待 —— 小团体主义
坚持集体主义
反对小团体主义

好融入时，感受到集体生活的美好，积极参与集体的建设
不好融入时，会产生矛盾冲突 —— 小群体和集体的关系

集体规则与个人意愿一致
能保障个人利益 —— 个人遵守和维护集体规则的条件

向对方提不合理的要求
个人和集体的需要不同 —— 集体与个人产生矛盾的原因

通常会让个人意愿服从集体要求
理解集体要求的合理性
反思个人意愿的合理性和实现的可能性 —— 怎样对待集体与个人的冲突

共奏和谐乐章

慎重考虑，冷静处理
识大体，顾大局
不做有损集体利益的事 —— 如何处理个人矛盾

由志趣、个性、生活背景类似的同学组成
相互接纳、相互欣赏、相互学习，有归属感和安全感 —— 如何理解小群体

考虑自己更关注哪个集体，或在其中的角色和责任的重要性
考虑自己的兴趣、爱好以及任务的紧迫程度
自觉让局部利益服从整体利益 —— 怎样排解角色冲突

尽力做好自己，遵守规则
以恰当的方式表达意见，提出积极的改进建议
坚持集体主义，把集体利益放在个人利益之上 —— 承认个人利益的合理性 / 反对极端个人主义
学会处理与他人的各种关系
心中有集体，不做损伤集体的事 —— 怎样让集体的和声更美

第八课 美好集体有我在

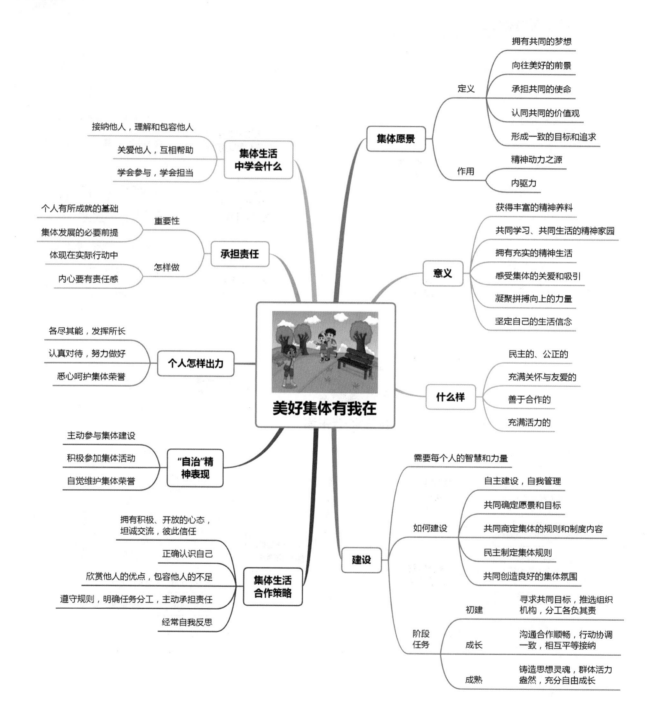

集体愿景
- 定义
  - 拥有共同的梦想
  - 向往美好的前景
  - 承担共同的使命
  - 认同共同的价值观
  - 形成一致的目标和追求
- 作用
  - 精神动力之源
  - 内驱力

集体生活中学会什么
- 接纳他人，理解和包容他人
- 关爱他人，互相帮助
- 学会参与，学会担当

意义
- 获得丰富的精神养料
- 共同学习、共同生活的精神家园
- 拥有充实的精神生活
- 感受集体的关爱和吸引
- 凝聚拼搏向上的力量
- 坚定自己的生活信念

承担责任
- 重要性
  - 个人有所成就的基础
  - 集体发展的必要前提
- 怎样做
  - 体现在实际行动中
  - 内心要有责任感

什么样
- 民主的、公正的
- 充满关怀与友爱的
- 善于合作的
- 充满活力的

个人怎样出力
- 各尽其能，发挥所长
- 认真对待，努力做好
- 悉心呵护集体荣誉

美好集体有我在

"自治"精神表现
- 主动参与集体建设
- 积极参加集体活动
- 自觉维护集体荣誉

建设
- 需要每个人的智慧和力量
- 如何建设
  - 自主建设，自我管理
  - 共同确定愿景和目标
  - 共同商定集体的规则和制度内容
  - 民主制定集体规则
  - 共同创造良好的集体氛围
- 阶段任务
  - 初建：寻求共同目标，推选组织机构，分工各负其责
  - 成长：沟通合作顺畅，行动协调一致，相互平等接纳
  - 成熟：铸造思想灵魂，群体活力盎然，充分自由成长

集体生活合作策略
- 拥有积极、开放的心态，坦诚交流，彼此信任
- 正确认识自己
- 欣赏他人的优点，包容他人的不足
- 遵守规则，明确任务分工，主动承担责任
- 经常自我反思

第四单元 走进法治天地

第九课 法律在我们身边

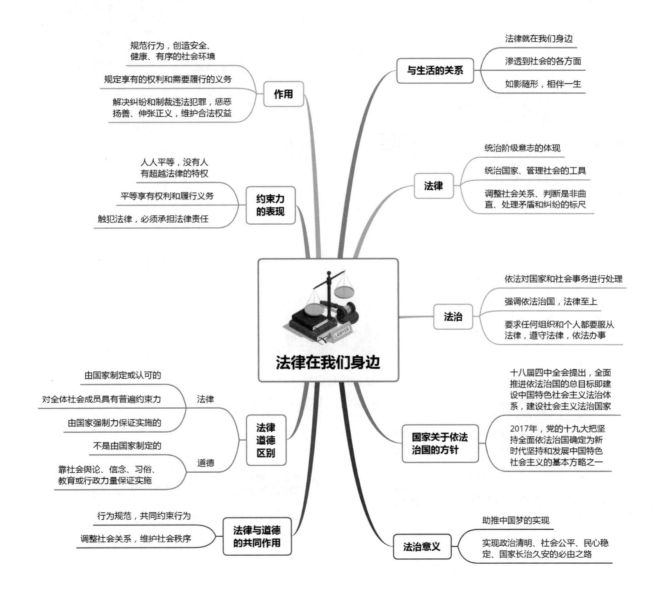

与生活的关系
- 法律就在我们身边
- 渗透到社会的各方面
- 如影随形，相伴一生

作用
- 规范行为，创造安全、健康、有序的社会环境
- 规定享有的权利和需要履行的义务
- 解决纠纷和制裁违法犯罪，惩恶扬善、伸张正义，维护合法权益

约束力的表现
- 人人平等，没有人有超越法律的特权
- 平等享有权利和履行义务
- 触犯法律，必须承担法律责任

法律
- 统治阶级意志的体现
- 统治国家、管理社会的工具
- 调整社会关系、判断是非曲直、处理矛盾和纠纷的标尺

法治
- 依法对国家和社会事务进行处理
- 强调依法治国，法律至上
- 要求任何组织和个人都要服从法律，遵守法律，依法办事

法律在我们身边

法律道德区别
- 法律
  - 由国家制定或认可的
  - 对全体社会成员具有普遍约束力
  - 由国家强制力保证实施的
- 道德
  - 不是由国家制定的
  - 靠社会舆论、信念、习俗、教育或行政力量保证实施

国家关于依法治国的方针
- 十八届四中全会提出，全面推进依法治国的总目标即建设中国特色社会主义法治体系，建设社会主义法治国家
- 2017年，党的十九大把坚持全面依法治国确定为新时代坚持和发展中国特色社会主义的基本方略之一

法律与道德的共同作用
- 行为规范，共同约束行为
- 调整社会关系，维护社会秩序

法治意义
- 助推中国梦的实现
- 实现政治清明、社会公平、民心稳定、国家长治久安的必由之路

第十课 法律伴我们成长

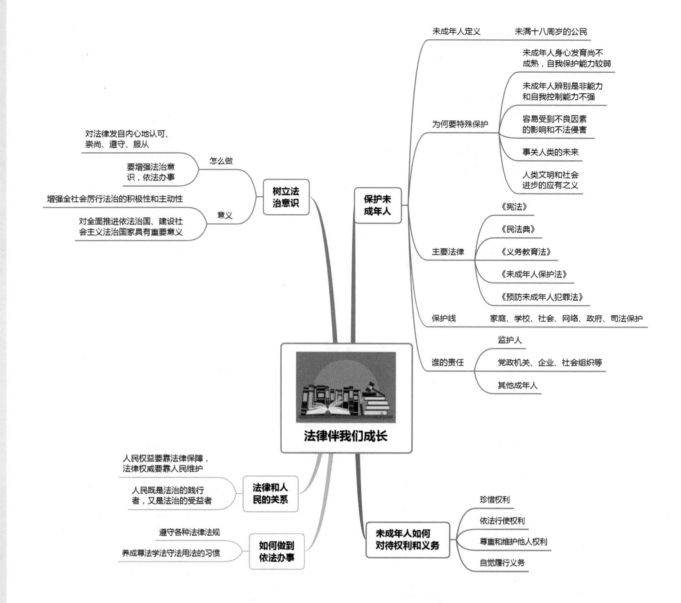

对法律发自内心地认可、崇尚、遵守、服从

要增强法治意识，依法办事 —— 怎么做

增强全社会厉行法治的积极性和主动性 —— 意义

对全面推进依法治国、建设社会主义法治国家具有重要意义

树立法治意识

保护未成年人

未成年人定义 —— 未满十八周岁的公民

为何要特殊保护
- 未成年人身心发育尚不成熟，自我保护能力较弱
- 未成年人辨别是非能力和自我控制能力不强
- 容易受到不良因素的影响和不法侵害
- 事关人类的未来
- 人类文明和社会进步的应有之义

主要法律
- 《宪法》
- 《民法典》
- 《义务教育法》
- 《未成年人保护法》
- 《预防未成年人犯罪法》

保护线 —— 家庭、学校、社会、网络、政府、司法保护

谁的责任
- 监护人
- 党政机关、企业、社会组织等
- 其他成年人

法律伴我们成长

人民权益要靠法律保障，法律权威要靠人民维护

人民既是法治的践行者，又是法治的受益者

法律和人民的关系

遵守各种法律法规

养成尊法学法守法用法的习惯

如何做到依法办事

未成年人如何对待权利和义务
- 珍惜权利
- 依法行使权利
- 尊重和维护他人权利
- 自觉履行义务

地　理

第一章　地球和地图

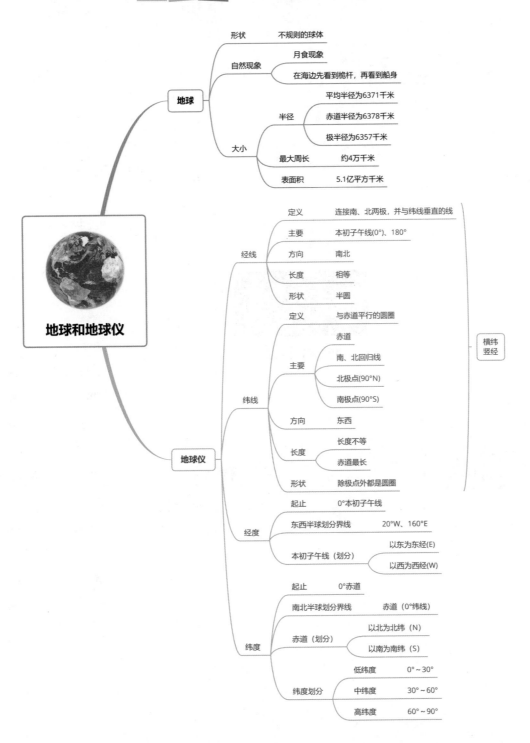

地球和地球仪

- 地球
  - 形状 —— 不规则的球体
  - 自然现象
    - 月食现象
    - 在海边先看到桅杆，再看到船身
  - 大小
    - 半径
      - 平均半径为6371千米
      - 赤道半径为6378千米
      - 极半径为6357千米
    - 最大周长 —— 约4万千米
    - 表面积 —— 5.1亿平方千米

- 地球仪
  - 经线
    - 定义 —— 连接南、北两极，并与纬线垂直的线
    - 主要 —— 本初子午线(0°)、180°
    - 方向 —— 南北
    - 长度 —— 相等
    - 形状 —— 半圆
  - 纬线
    - 定义 —— 与赤道平行的圆圈
    - 主要
      - 赤道
      - 南、北回归线
      - 北极点(90°N)
      - 南极点(90°S)
    - 方向 —— 东西
    - 长度
      - 长度不等
      - 赤道最长
    - 形状 —— 除极点外都是圆圈
  - （横纬 竖经）
  - 经度
    - 起止 —— 0°本初子午线
    - 东西半球划分界线 —— 20°W、160°E
    - 本初子午线（划分）
      - 以东为东经(E)
      - 以西为西经(W)
  - 纬度
    - 起止 —— 0°赤道
    - 南北半球划分界线 —— 赤道（0°纬线）
    - 赤道（划分）
      - 以北为北纬（N）
      - 以南为南纬（S）
    - 纬度划分
      - 低纬度 —— 0°~30°
      - 中纬度 —— 30°~60°
      - 高纬度 —— 60°~90°

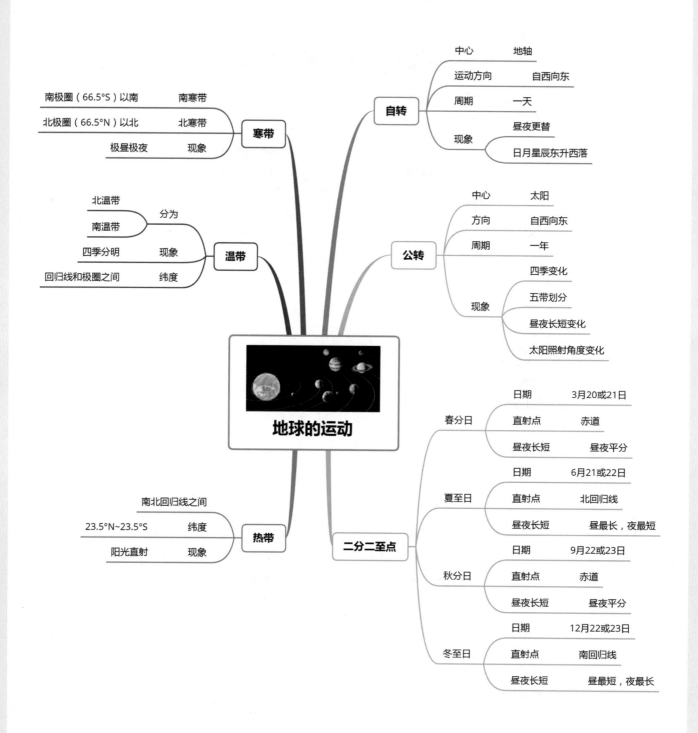

南极圈（66.5°S）以南 —— 南寒带
北极圈（66.5°N）以北 —— 北寒带 —— **寒带**
极昼极夜 —— 现象

北温带
南温带 —— 分为
四季分明 —— 现象 —— **温带**
回归线和极圈之间 —— 纬度

地球的运动

南北回归线之间
23.5°N~23.5°S —— 纬度
阳光直射 —— 现象 —— **热带**

自转
中心 —— 地轴
运动方向 —— 自西向东
周期 —— 一天
现象 —— 昼夜更替
　　　 —— 日月星辰东升西落

公转
中心 —— 太阳
方向 —— 自西向东
周期 —— 一年
现象 —— 四季变化
　　　 —— 五带划分
　　　 —— 昼夜长短变化
　　　 —— 太阳照射角度变化

二分二至点

春分日
日期 —— 3月20或21日
直射点 —— 赤道
昼夜长短 —— 昼夜平分

夏至日
日期 —— 6月21或22日
直射点 —— 北回归线
昼夜长短 —— 昼最长，夜最短

秋分日
日期 —— 9月22或23日
直射点 —— 赤道
昼夜长短 —— 昼夜平分

冬至日
日期 —— 12月22或23日
直射点 —— 南回归线
昼夜长短 —— 昼最短，夜最长

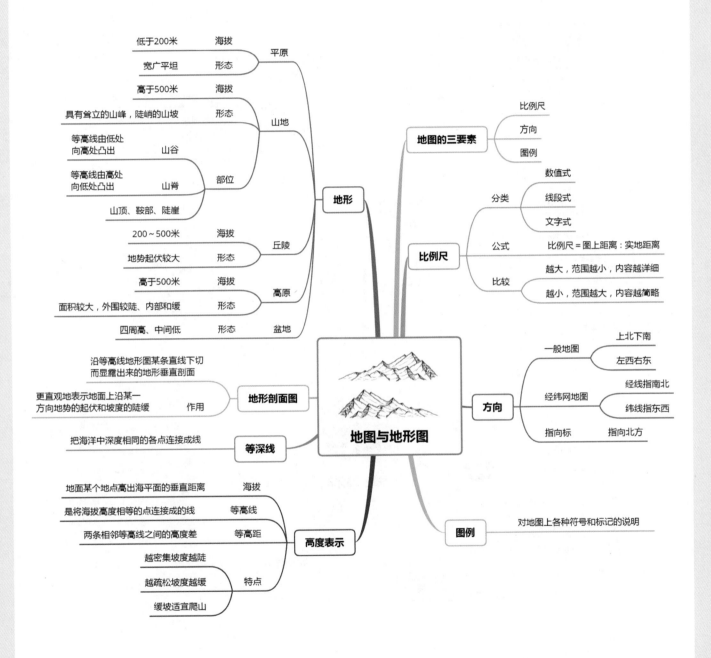

低于200米 —— 海拔
宽广平坦 —— 形态 —— 平原

高于500米 —— 海拔
具有耸立的山峰，陡峭的山坡 —— 形态 —— 山地

等高线由低处向高处凸出 —— 山谷
等高线由高处向低处凸出 —— 山脊 —— 部位
山顶、鞍部、陡崖

200～500米 —— 海拔
地势起伏较大 —— 形态 —— 丘陵

高于500米 —— 海拔
面积较大，外围较陡、内部和缓 —— 形态 —— 高原

四周高、中间低 —— 形态 —— 盆地

地形

地图的三要素
- 比例尺
- 方向
- 图例

比例尺
- 分类
  - 数值式
  - 线段式
  - 文字式
- 公式 —— 比例尺＝图上距离：实地距离
- 比较
  - 越大，范围越小，内容越详细
  - 越小，范围越大，内容越简略

沿等高线地形图某条直线下切而显露出来的地形垂直剖面
更直观地表示地面上沿某一方向地势的起伏和坡度的陡缓 —— 作用 —— **地形剖面图**

把海洋中深度相同的各点连接成线 —— **等深线**

地图与地形图

方向
- 一般地图
  - 上北下南
  - 左西右东
- 经纬网地图
  - 经线指南北
  - 纬线指东西
- 指向标 —— 指向北方

地面某个地点高出海平面的垂直距离 —— 海拔
是将海拔高度相等的点连接成的线 —— 等高线
两条相邻等高线之间的高度差 —— 等高距 —— **高度表示**
越密集坡度越陡
越疏松坡度越缓 —— 特点
缓坡适宜爬山

图例 —— 对地图上各种符号和标记的说明

第二章　陆地和海洋

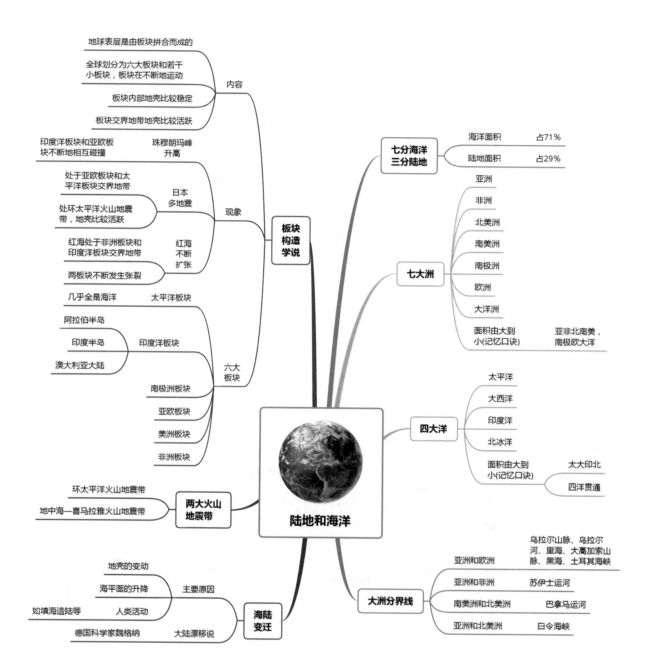

地球表层是由板块拼合而成的

全球划分为六大板块和若干小板块，板块在不断地运动

板块内部地壳比较稳定

板块交界地带地壳比较活跃

内容

印度洋板块和亚欧板块不断地相互碰撞 ── 珠穆朗玛峰升高

处于亚欧板块和太平洋板块交界地带

处环太平洋火山地震带，地壳比较活跃

日本多地震

红海处于非洲板块和印度洋板块交界地带

两板块不断发生张裂

红海不断扩张

现象

几乎全是海洋 ── 太平洋板块

阿拉伯半岛

印度半岛

澳大利亚大陆

印度洋板块

南极洲板块

亚欧板块

美洲板块

非洲板块

六大板块

板块构造学说

环太平洋火山地震带

地中海—喜马拉雅火山地震带

两大火山地震带

陆地和海洋

地壳的变动

海平面的升降

主要原因

如填海造陆等

人类活动

德国科学家魏格纳 ── 大陆漂移说

海陆变迁

七分海洋三分陆地

海洋面积　占71%

陆地面积　占29%

亚洲

非洲

北美洲

南美洲

南极洲

欧洲

大洋洲

七大洲

面积由大到小（记忆口诀）

亚非北南美，南极欧大洋

太平洋

大西洋

印度洋

北冰洋

四大洋

面积由大到小（记忆口诀）

太大印北

四洋贯通

亚洲和欧洲　乌拉尔山脉、乌拉尔河、里海、大高加索山脉、黑海、土耳其海峡

亚洲和非洲　苏伊士运河

南美洲和北美洲　巴拿马运河

亚洲和北美洲　白令海峡

大洲分界线

第三章　天气与气候

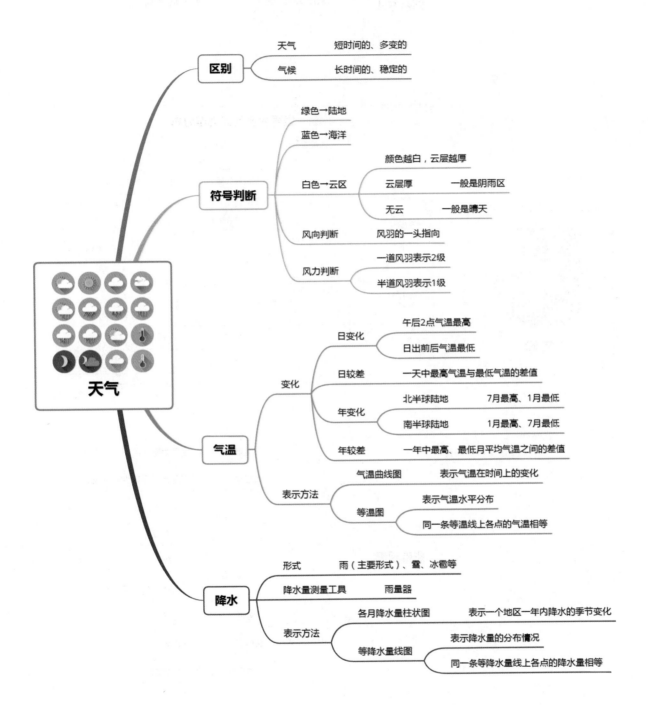

区别
- 天气　　短时间的、多变的
- 气候　　长时间的、稳定的

符号判断
- 绿色→陆地
- 蓝色→海洋
- 白色→云区
  - 颜色越白，云层越厚
  - 云层厚　　一般是阴雨区
  - 无云　　一般是晴天
- 风向判断　　风羽的一头指向
- 风力判断
  - 一道风羽表示2级
  - 半道风羽表示1级

气温
- 变化
  - 日变化
    - 午后2点气温最高
    - 日出前后气温最低
  - 日较差　　一天中最高气温与最低气温的差值
  - 年变化
    - 北半球陆地　　7月最高、1月最低
    - 南半球陆地　　1月最高、7月最低
  - 年较差　　一年中最高、最低月平均气温之间的差值
- 表示方法
  - 气温曲线图　　表示气温在时间上的变化
  - 等温图
    - 表示气温水平分布
    - 同一条等温线上各点的气温相等

降水
- 形式　　雨（主要形式）、雪、冰雹等
- 降水量测量工具　　雨量器
- 表示方法
  - 各月降水量柱状图　　表示一个地区一年内降水的季节变化
  - 等降水量线图
    - 表示降水量的分布情况
    - 同一条等降水量线上各点的降水量相等

天气

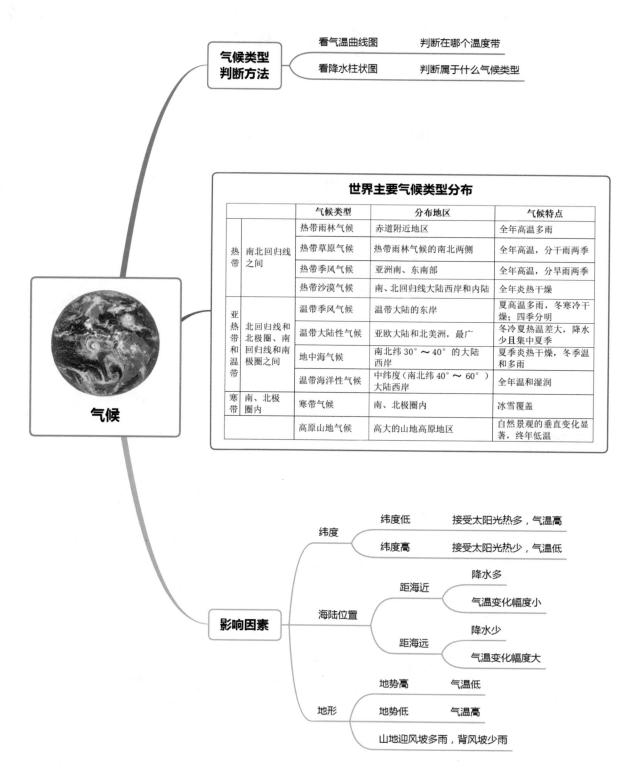

气候类型判断方法
- 看气温曲线图 —— 判断在哪个温度带
- 看降水柱状图 —— 判断属于什么气候类型

世界主要气候类型分布

		气候类型	分布地区	气候特点
热带	南北回归线之间	热带雨林气候	赤道附近地区	全年高温多雨
		热带草原气候	热带雨林气候的南北两侧	全年高温，分干雨两季
		热带季风气候	亚洲南、东南部	全年高温，分旱雨两季
		热带沙漠气候	南、北回归线大陆西岸和内陆	全年炎热干燥
亚热带和温带	北回归线和北极圈、南回归线和南极圈之间	温带季风气候	温带大陆的东岸	夏高温多雨，冬寒冷干燥；四季分明
		温带大陆性气候	亚欧大陆和北美洲，最广	冬冷夏热温差大，降水少且集中夏季
		地中海气候	南北纬30°～40°的大陆西岸	夏季炎热干燥，冬季温和多雨
		温带海洋性气候	中纬度（南北纬40°～60°）大陆西岸	全年温和湿润
寒带	南、北极圈内	寒带气候	南、北极圈内	冰雪覆盖
		高原山地气候	高大的山地高原地区	自然景观的垂直变化显著，终年低温

气候

影响因素
- 纬度
  - 纬度低 —— 接受太阳光热多，气温高
  - 纬度高 —— 接受太阳光热少，气温低
- 海陆位置
  - 距海近
    - 降水多
    - 气温变化幅度小
  - 距海远
    - 降水少
    - 气温变化幅度大
- 地形
  - 地势高 —— 气温低
  - 地势低 —— 气温高
  - 山地迎风坡多雨，背风坡少雨

第四章　居民与聚落

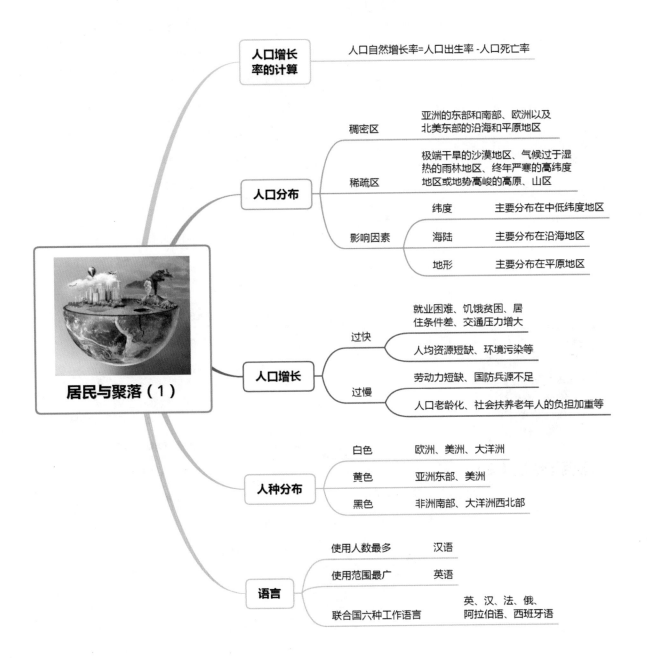

人口增长率的计算 —— 人口自然增长率=人口出生率 - 人口死亡率

人口分布
- 稠密区 —— 亚洲的东部和南部、欧洲以及北美东部的沿海和平原地区
- 稀疏区 —— 极端干旱的沙漠地区、气候过于湿热的雨林地区、终年严寒的高纬度地区或地势高峻的高原、山区
- 影响因素
  - 纬度 —— 主要分布在中低纬度地区
  - 海陆 —— 主要分布在沿海地区
  - 地形 —— 主要分布在平原地区

人口增长
- 过快
  - 就业困难、饥饿贫困、居住条件差、交通压力增大
  - 人均资源短缺、环境污染等
- 过慢
  - 劳动力短缺、国防兵源不足
  - 人口老龄化、社会扶养老年人的负担加重等

人种分布
- 白色 —— 欧洲、美洲、大洋洲
- 黄色 —— 亚洲东部、美洲
- 黑色 —— 非洲南部、大洋洲西北部

语言
- 使用人数最多 —— 汉语
- 使用范围最广 —— 英语
- 联合国六种工作语言 —— 英、汉、法、俄、阿拉伯语、西班牙语

居民与聚落（1）

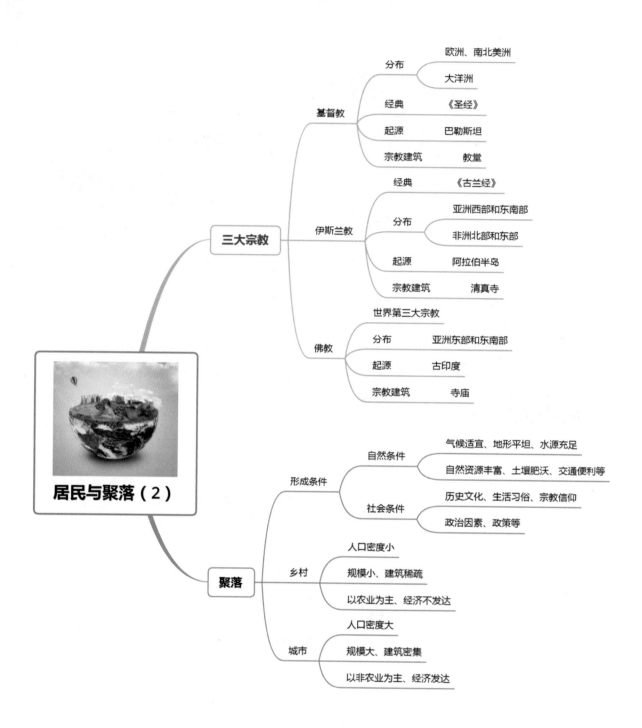

第五章　发展与合作

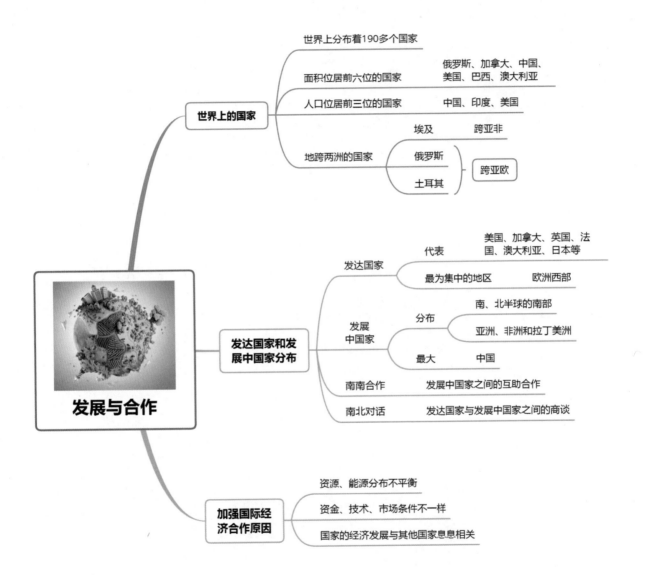

发展与合作

- 世界上的国家
  - 世界上分布着190多个国家
  - 面积位居前六位的国家 —— 俄罗斯、加拿大、中国、美国、巴西、澳大利亚
  - 人口位居前三位的国家 —— 中国、印度、美国
  - 地跨两洲的国家
    - 埃及 —— 跨亚非
    - 俄罗斯 —— 跨亚欧
    - 土耳其 —— 跨亚欧

- 发达国家和发展中国家分布
  - 发达国家
    - 代表 —— 美国、加拿大、英国、法国、澳大利亚、日本等
    - 最为集中的地区 —— 欧洲西部
  - 发展中国家
    - 分布
      - 南、北半球的南部
      - 亚洲、非洲和拉丁美洲
    - 最大 —— 中国
  - 南南合作 —— 发展中国家之间的互助合作
  - 南北对话 —— 发达国家与发展中国家之间的商谈

- 加强国际经济合作原因
  - 资源、能源分布不平衡
  - 资金、技术、市场条件不一样
  - 国家的经济发展与其他国家息息相关

第六章　我们生活的大洲——亚洲

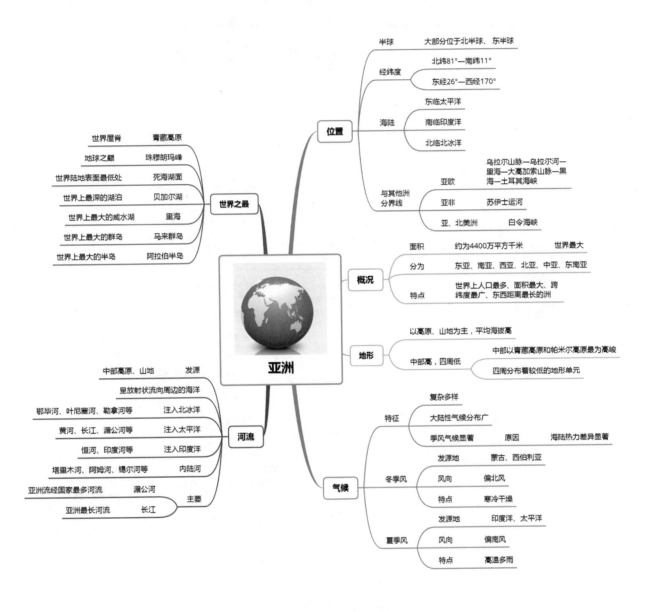

位置
- 半球　大部分位于北半球、东半球
- 经纬度
  - 北纬81°—南纬11°
  - 东经26°—西经170°
- 海陆
  - 东临太平洋
  - 南临印度洋
  - 北临北冰洋
- 与其他洲分界线
  - 亚欧　乌拉尔山脉—乌拉尔河—里海—大高加索山脉—黑海—土耳其海峡
  - 亚非　苏伊士运河
  - 亚、北美洲　白令海峡

世界之最
- 世界屋脊　青藏高原
- 地球之巅　珠穆朗玛峰
- 世界陆地表面最低处　死海湖面
- 世界上最深的湖泊　贝加尔湖
- 世界上最大的咸水湖　里海
- 世界上最大的群岛　马来群岛
- 世界上最大的半岛　阿拉伯半岛

概况
- 面积　约为4400万平方千米　世界最大
- 分为　东亚、南亚、西亚、北亚、中亚、东南亚
- 特点　世界上人口最多、面积最大、跨纬度最广、东西距离最长的洲

地形
- 以高原、山地为主，平均海拔高
- 中部高，四周低
  - 中部以青藏高原和帕米尔高原最为高峻
  - 四周分布着较低的地形单元

河流
- 中部高原、山地　发源
- 呈放射状流向周边的海洋
- 鄂毕河、叶尼塞河、勒拿河等　注入北冰洋
- 黄河、长江、湄公河等　注入太平洋
- 恒河、印度河等　注入印度洋
- 塔里木河、阿姆河、锡尔河等　内陆河
- 主要
  - 亚洲流经国家最多河流　湄公河
  - 亚洲最长河流　长江

气候
- 特征
  - 复杂多样
  - 大陆性气候分布广
  - 季风气候显著　原因　海陆热力差异显著
- 冬季风
  - 发源地　蒙古、西伯利亚
  - 风向　偏北风
  - 特点　寒冷干燥
- 夏季风
  - 发源地　印度洋、太平洋
  - 风向　偏南风
  - 特点　高温多雨

第七章 我们邻近的地区和国家

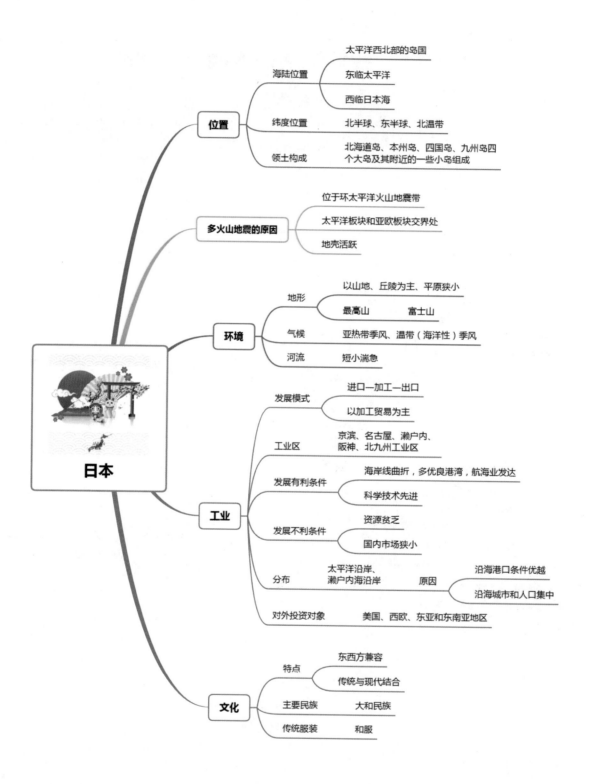

日本

- **位置**
  - 海陆位置
    - 太平洋西北部的岛国
    - 东临太平洋
    - 西临日本海
  - 纬度位置
    - 北半球、东半球、北温带
  - 领土构成
    - 北海道岛、本州岛、四国岛、九州岛四个大岛及其附近的一些小岛组成

- **多火山地震的原因**
  - 位于环太平洋火山地震带
  - 太平洋板块和亚欧板块交界处
  - 地壳活跃

- **环境**
  - 地形
    - 以山地、丘陵为主、平原狭小
    - 最高山　富士山
  - 气候
    - 亚热带季风、温带（海洋性）季风
  - 河流
    - 短小湍急

- **工业**
  - 发展模式
    - 进口—加工—出口
    - 以加工贸易为主
  - 工业区
    - 京滨、名古屋、濑户内、阪神、北九州工业区
  - 发展有利条件
    - 海岸线曲折，多优良港湾，航海业发达
    - 科学技术先进
  - 发展不利条件
    - 资源贫乏
    - 国内市场狭小
  - 分布
    - 太平洋沿岸、濑户内海沿岸
    - 原因
      - 沿海港口条件优越
      - 沿海城市和人口集中
  - 对外投资对象
    - 美国、西欧、东亚和东南亚地区

- **文化**
  - 特点
    - 东西方兼容
    - 传统与现代结合
  - 主要民族
    - 大和民族
  - 传统服装
    - 和服

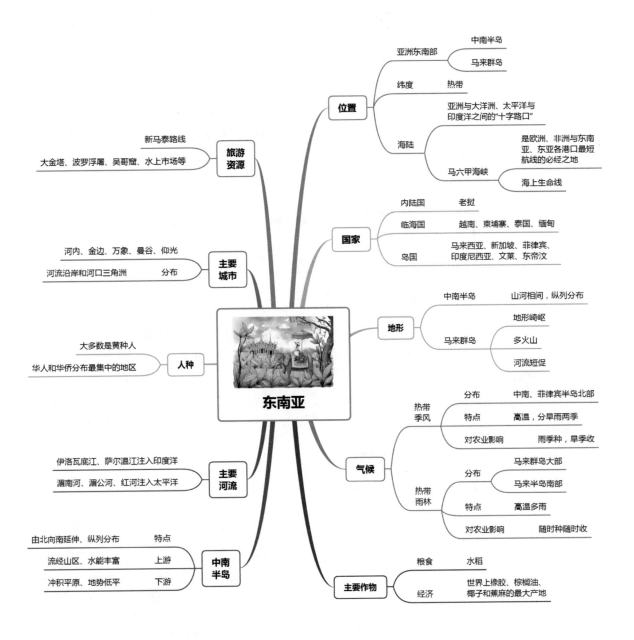

东南亚

位置
- 亚洲东南部
  - 中南半岛
  - 马来群岛
- 纬度 —— 热带
- 海陆
  - 亚洲与大洋洲、太平洋与印度洋之间的"十字路口"
  - 马六甲海峡
    - 是欧洲、非洲与东南亚、东亚各港口最短航线的必经之地
    - 海上生命线

国家
- 内陆国 —— 老挝
- 临海国 —— 越南、柬埔寨、泰国、缅甸
- 岛国 —— 马来西亚、新加坡、菲律宾、印度尼西亚、文莱、东帝汶

地形
- 中南半岛 —— 山河相间，纵列分布
- 马来群岛
  - 地形崎岖
  - 多火山
  - 河流短促

气候
- 热带季风
  - 分布 —— 中南、菲律宾半岛北部
  - 特点 —— 高温，分旱雨两季
  - 对农业影响 —— 雨季种，旱季收
- 热带雨林
  - 分布
    - 马来群岛大部
    - 马来半岛南部
  - 特点 —— 高温多雨
  - 对农业影响 —— 随时种随时收

主要作物
- 粮食 —— 水稻
- 经济 —— 世界上橡胶、棕榈油、椰子和蕉麻的最大产地

中南半岛
- 由北向南延伸、纵列分布 —— 特点
- 流经山区、水能丰富 —— 上游
- 冲积平原、地势低平 —— 下游

主要河流
- 伊洛瓦底江、萨尔温江注入印度洋
- 湄南河、湄公河、红河注入太平洋

人种
- 大多数是黄种人
- 华人和华侨分布最集中的地区

主要城市
- 河内、金边、万象、曼谷、仰光
- 河流沿岸和河口三角洲 —— 分布

旅游资源
- 新马泰路线
- 大金塔、波罗浮屠、吴哥窟、水上市场等

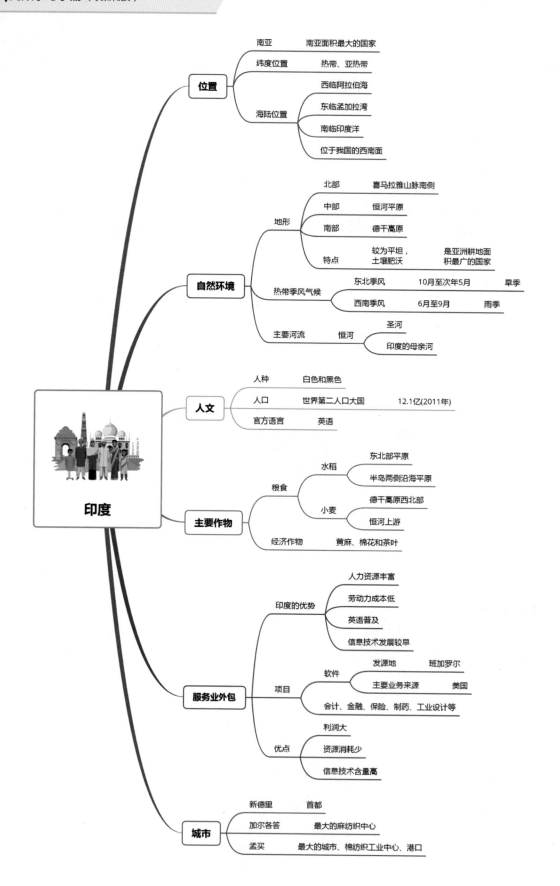

印度

位置
- 南亚　　南亚面积最大的国家
- 纬度位置　　热带、亚热带
- 海陆位置
  - 西临阿拉伯海
  - 东临孟加拉湾
  - 南临印度洋
  - 位于我国的西南面

自然环境
- 地形
  - 北部　　喜马拉雅山脉南侧
  - 中部　　恒河平原
  - 南部　　德干高原
  - 特点　　较为平坦，土壤肥沃　　是亚洲耕地面积最广的国家
- 热带季风气候
  - 东北季风　　10月至次年5月　　旱季
  - 西南季风　　6月至9月　　雨季
- 主要河流　　恒河
  - 圣河
  - 印度的母亲河

人文
- 人种　　白色和黑色
- 人口　　世界第二人口大国　　12.1亿(2011年)
- 官方语言　　英语

主要作物
- 粮食
  - 水稻
    - 东北部平原
    - 半岛两侧沿海平原
  - 小麦
    - 德干高原西北部
    - 恒河上游
- 经济作物　　黄麻、棉花和茶叶

服务业外包
- 印度的优势
  - 人力资源丰富
  - 劳动力成本低
  - 英语普及
  - 信息技术发展较早
- 项目
  - 软件
    - 发源地　　班加罗尔
    - 主要业务来源　　美国
  - 会计、金融、保险、制药、工业设计等
- 优点
  - 利润大
  - 资源消耗少
  - 信息技术含量高

城市
- 新德里　　首都
- 加尔各答　　最大的麻纺织中心
- 孟买　　最大的城市、棉纺织工业中心、港口

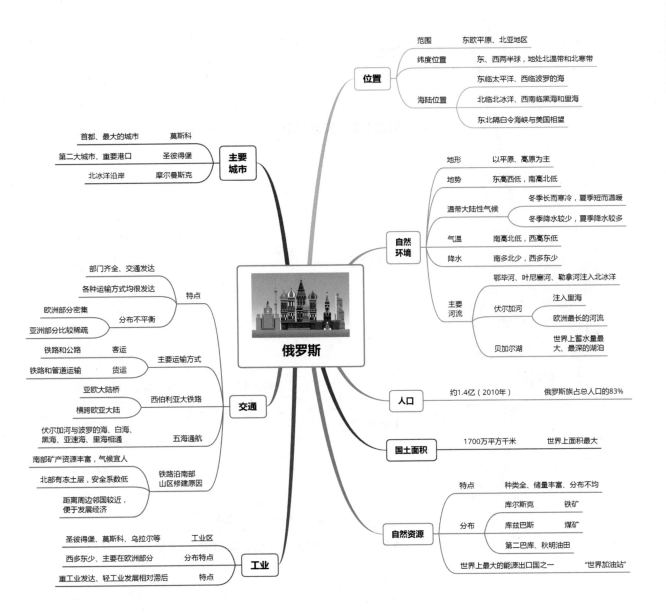

位置
- 范围　东欧平原、北亚地区
- 纬度位置　东、西两半球，地处北温带和北寒带
- 海陆位置
  - 东临太平洋、西临波罗的海
  - 北临北冰洋、西南临黑海和里海
  - 东北隔白令海峡与美国相望

主要城市
- 首都、最大的城市　莫斯科
- 第二大城市、重要港口　圣彼得堡
- 北冰洋沿岸　摩尔曼斯克

自然环境
- 地形　以平原、高原为主
- 地势　东高西低，南高北低
- 温带大陆性气候
  - 冬季长而寒冷，夏季短而温暖
  - 冬季降水较少，夏季降水较多
- 气温　南高北低，西高东低
- 降水　南多北少，西多东少
- 主要河流
  - 鄂毕河、叶尼塞河、勒拿河注入北冰洋
  - 伏尔加河
    - 注入里海
    - 欧洲最长的河流
  - 贝加尔湖　世界上蓄水量最大、最深的湖泊

人口　约1.4亿（2010年）　俄罗斯族占总人口的83%

国土面积　1700万平方千米　世界上面积最大

自然资源
- 特点　种类全、储量丰富、分布不均
- 分布
  - 库尔斯克　铁矿
  - 库兹巴斯　煤矿
  - 第二巴库、秋明油田
- 世界上最大的能源出口国之一　"世界加油站"

交通
- 特点
  - 部门齐全、交通发达
  - 各种运输方式均很发达
- 分布不平衡
  - 欧洲部分密集
  - 亚洲部分比较稀疏
- 主要运输方式
  - 铁路和公路　客运
  - 铁路和管道运输　货运
- 西伯利亚大铁路
  - 亚欧大陆桥
  - 横跨欧亚大陆
- 五海通航　伏尔加河与波罗的海、白海、黑海、亚速海、里海相通
- 铁路沿南部山区修建原因
  - 南部矿产资源丰富，气候宜人
  - 北部有冻土层，安全系数低
  - 距离周边邻国较近，便于发展经济

工业
- 工业区　圣彼得堡、莫斯科、乌拉尔等
- 分布特点　西多东少，主要在欧洲部分
- 特点　重工业发达、轻工业发展相对滞后

俄罗斯

第八章 东半球其他的地区和国家

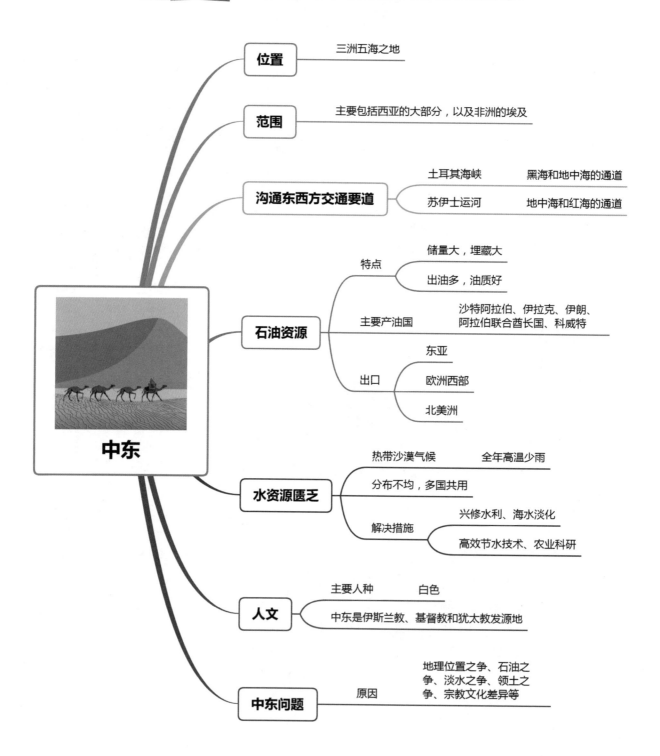

中东

- 位置 —— 三洲五海之地
- 范围 —— 主要包括西亚的大部分，以及非洲的埃及
- 沟通东西方交通要道
  - 土耳其海峡 —— 黑海和地中海的通道
  - 苏伊士运河 —— 地中海和红海的通道
- 石油资源
  - 特点
    - 储量大，埋藏大
    - 出油多，油质好
  - 主要产油国 —— 沙特阿拉伯、伊拉克、伊朗、阿拉伯联合酋长国、科威特
  - 出口
    - 东亚
    - 欧洲西部
    - 北美洲
- 水资源匮乏
  - 热带沙漠气候 —— 全年高温少雨
  - 分布不均，多国共用
  - 解决措施
    - 兴修水利、海水淡化
    - 高效节水技术、农业科研
- 人文
  - 主要人种 —— 白色
  - 中东是伊斯兰教、基督教和犹太教发源地
- 中东问题
  - 原因 —— 地理位置之争、石油之争、淡水之争、领土之争、宗教文化差异等

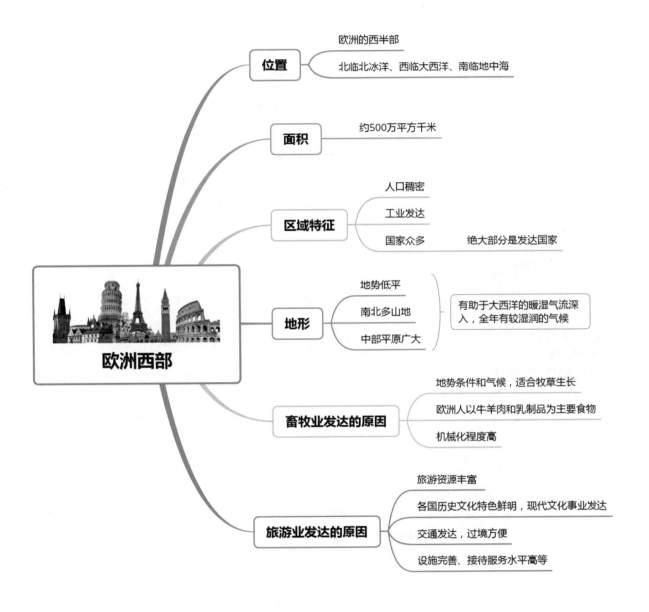

位置
- 欧洲的西半部
- 北临北冰洋、西临大西洋、南临地中海

面积
- 约500万平方千米

区域特征
- 人口稠密
- 工业发达
- 国家众多 —— 绝大部分是发达国家

欧洲西部

地形
- 地势低平
- 南北多山地
- 中部平原广大 —— 有助于大西洋的暖湿气流深入，全年有较湿润的气候

畜牧业发达的原因
- 地势条件和气候，适合牧草生长
- 欧洲人以牛羊肉和乳制品为主要食物
- 机械化程度高

旅游业发达的原因
- 旅游资源丰富
- 各国历史文化特色鲜明，现代文化事业发达
- 交通发达，过境方便
- 设施完善、接待服务水平高等

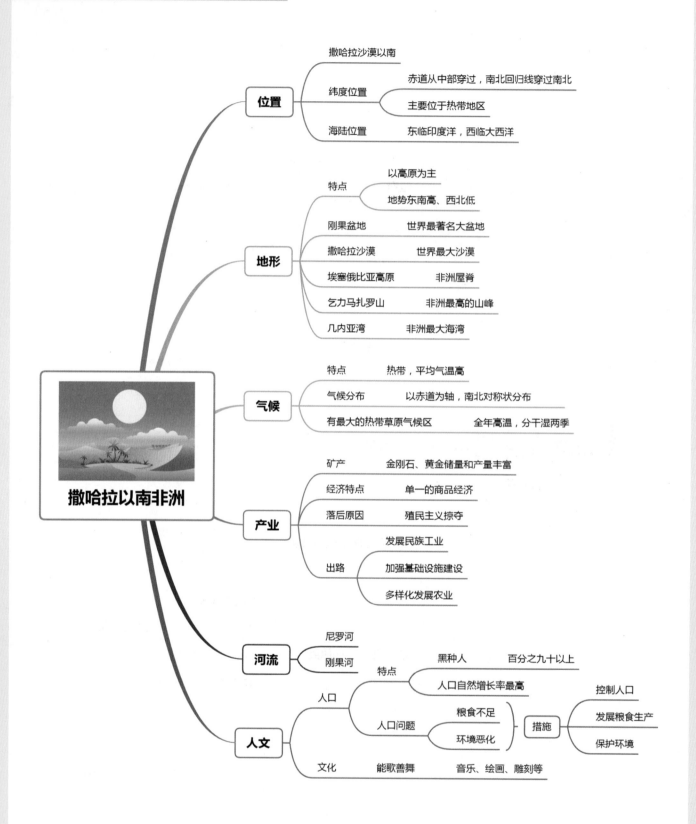

位置
- 撒哈拉沙漠以南
- 纬度位置
  - 赤道从中部穿过，南北回归线穿过南北
  - 主要位于热带地区
- 海陆位置 —— 东临印度洋，西临大西洋

地形
- 特点
  - 以高原为主
  - 地势东南高、西北低
- 刚果盆地 —— 世界最著名大盆地
- 撒哈拉沙漠 —— 世界最大沙漠
- 埃塞俄比亚高原 —— 非洲屋脊
- 乞力马扎罗山 —— 非洲最高的山峰
- 几内亚湾 —— 非洲最大海湾

气候
- 特点 —— 热带，平均气温高
- 气候分布 —— 以赤道为轴，南北对称状分布
- 有最大的热带草原气候区 —— 全年高温，分干湿两季

产业
- 矿产 —— 金刚石、黄金储量和产量丰富
- 经济特点 —— 单一的商品经济
- 落后原因 —— 殖民主义掠夺
- 出路
  - 发展民族工业
  - 加强基础设施建设
  - 多样化发展农业

河流
- 尼罗河
- 刚果河

人文
- 人口
  - 特点
    - 黑种人 —— 百分之九十以上
    - 人口自然增长率最高
  - 人口问题
    - 粮食不足
    - 环境恶化
    - 措施
      - 控制人口
      - 发展粮食生产
      - 保护环境
- 文化 —— 能歌善舞 —— 音乐、绘画、雕刻等

撒哈拉以南非洲

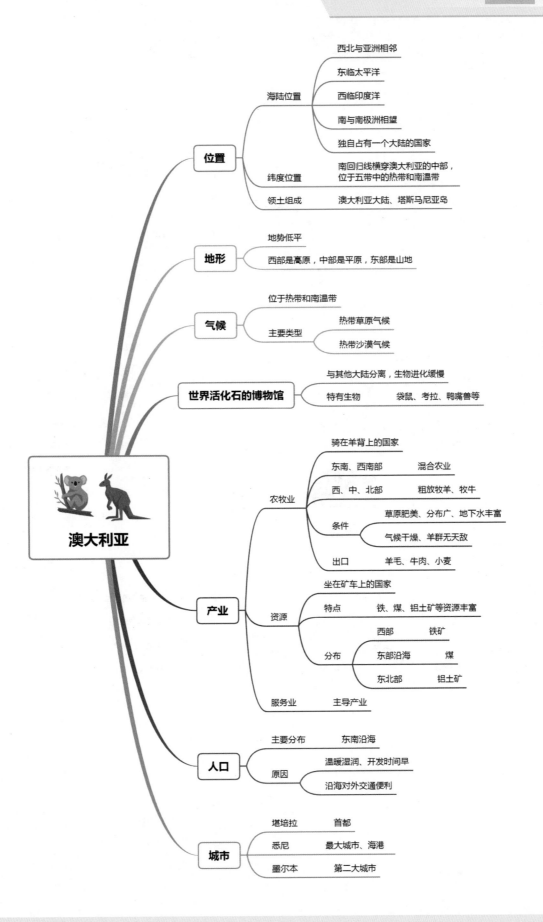

位置
　海陆位置
　　西北与亚洲相邻
　　东临太平洋
　　西临印度洋
　　南与南极洲相望
　　独自占有一个大陆的国家
　纬度位置　南回归线横穿澳大利亚的中部，位于五带中的热带和南温带
　领土组成　澳大利亚大陆、塔斯马尼亚岛

地形
　地势低平
　西部是高原，中部是平原，东部是山地

气候
　位于热带和南温带
　主要类型
　　热带草原气候
　　热带沙漠气候

世界活化石的博物馆
　与其他大陆分离，生物进化缓慢
　特有生物　袋鼠、考拉、鸭嘴兽等

澳大利亚

产业
　农牧业
　　骑在羊背上的国家
　　东南、西南部　混合农业
　　西、中、北部　粗放牧羊、牧牛
　　条件
　　　草原肥美、分布广、地下水丰富
　　　气候干燥、羊群无天敌
　　出口　羊毛、牛肉、小麦
　资源
　　坐在矿车上的国家
　　特点　铁、煤、铝土矿等资源丰富
　　分布
　　　西部　铁矿
　　　东部沿海　煤
　　　东北部　铝土矿
　服务业　主导产业

人口
　主要分布　东南沿海
　原因
　　温暖湿润、开发时间早
　　沿海对外交通便利

城市
　堪培拉　首都
　悉尼　最大城市、海港
　墨尔本　第二大城市

第九章 西半球的国家

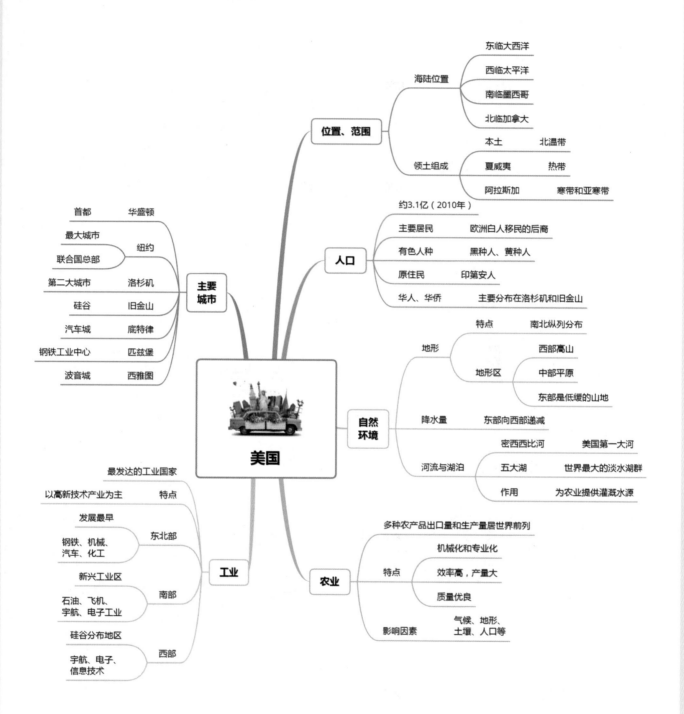

位置、范围
- 海陆位置
  - 东临大西洋
  - 西临太平洋
  - 南临墨西哥
  - 北临加拿大
- 领土组成
  - 本土 —— 北温带
  - 夏威夷 —— 热带
  - 阿拉斯加 —— 寒带和亚寒带

人口
- 约3.1亿（2010年）
- 主要居民 —— 欧洲白人移民的后裔
- 有色人种 —— 黑种人、黄种人
- 原住民 —— 印第安人
- 华人、华侨 —— 主要分布在洛杉矶和旧金山

主要城市
- 首都 —— 华盛顿
- 最大城市 / 联合国总部 —— 纽约
- 第二大城市 —— 洛杉矶
- 硅谷 —— 旧金山
- 汽车城 —— 底特律
- 钢铁工业中心 —— 匹兹堡
- 波音城 —— 西雅图

自然环境
- 地形
  - 特点 —— 南北纵列分布
  - 地形区
    - 西部高山
    - 中部平原
    - 东部是低缓的山地
- 降水量 —— 东部向西部递减
- 河流与湖泊
  - 密西西比河 —— 美国第一大河
  - 五大湖 —— 世界最大的淡水湖群
  - 作用 —— 为农业提供灌溉水源

工业
- 最发达的工业国家
- 以高新技术产业为主 —— 特点
- 东北部
  - 发展最早
  - 钢铁、机械、汽车、化工
- 南部
  - 新兴工业区
  - 石油、飞机、宇航、电子工业
- 西部
  - 硅谷分布地区
  - 宇航、电子、信息技术

农业
- 多种农产品出口量和生产量居世界前列
- 特点
  - 机械化和专业化
  - 效率高，产量大
  - 质量优良
- 影响因素 —— 气候、地形、土壤、人口等

美国

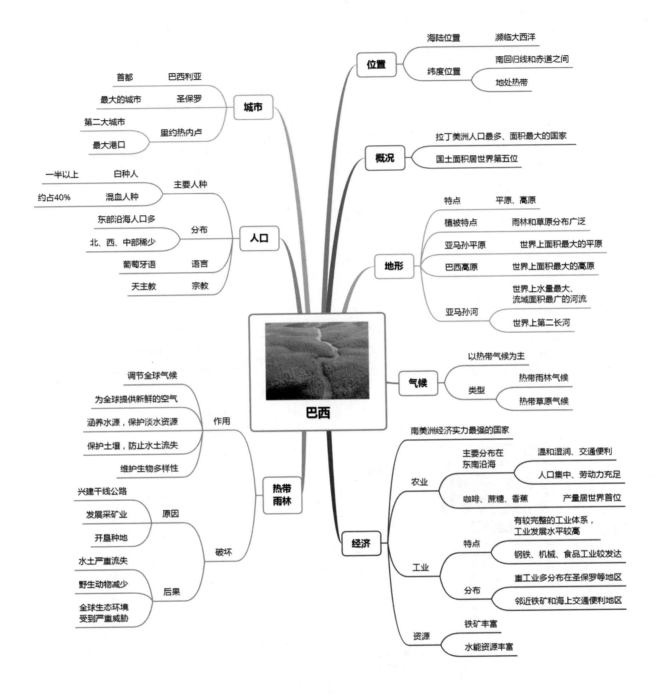

位置
- 海陆位置 —— 濒临大西洋
- 纬度位置
  - 南回归线和赤道之间
  - 地处热带

城市
- 首都 —— 巴西利亚
- 最大的城市 —— 圣保罗
- 第二大城市
  - 最大港口 —— 里约热内卢

概况
- 拉丁美洲人口最多、面积最大的国家
- 国土面积居世界第五位

人口
- 主要人种
  - 一半以上 —— 白种人
  - 约占40% —— 混血人种
- 分布
  - 东部沿海人口多
  - 北、西、中部稀少
- 语言 —— 葡萄牙语
- 宗教 —— 天主教

地形
- 特点 —— 平原、高原
- 植被特点 —— 雨林和草原分布广泛
- 亚马孙平原 —— 世界上面积最大的平原
- 巴西高原 —— 世界上面积最大的高原
- 亚马孙河
  - 世界上水量最大、流域面积最广的河流
  - 世界上第二长河

气候
- 以热带气候为主
- 类型
  - 热带雨林气候
  - 热带草原气候

热带雨林
- 作用
  - 调节全球气候
  - 为全球提供新鲜的空气
  - 涵养水源，保护淡水资源
  - 保护土壤，防止水土流失
  - 维护生物多样性
- 破坏
  - 原因
    - 兴建干线公路
    - 发展采矿业
    - 开垦种地
  - 后果
    - 水土严重流失
    - 野生动物减少
    - 全球生态环境受到严重威胁

经济
- 南美洲经济实力最强的国家
- 农业
  - 主要分布在东南沿海
    - 温和湿润、交通便利
    - 人口集中、劳动力充足
  - 咖啡、蔗糖、香蕉 —— 产量居世界首位
- 工业
  - 特点
    - 有较完整的工业体系，工业发展水平较高
    - 钢铁、机械、食品工业较发达
  - 分布
    - 重工业多分布在圣保罗等地区
    - 邻近铁矿和海上交通便利地区
- 资源
  - 铁矿丰富
  - 水能资源丰富

巴西

第十章　极地地区

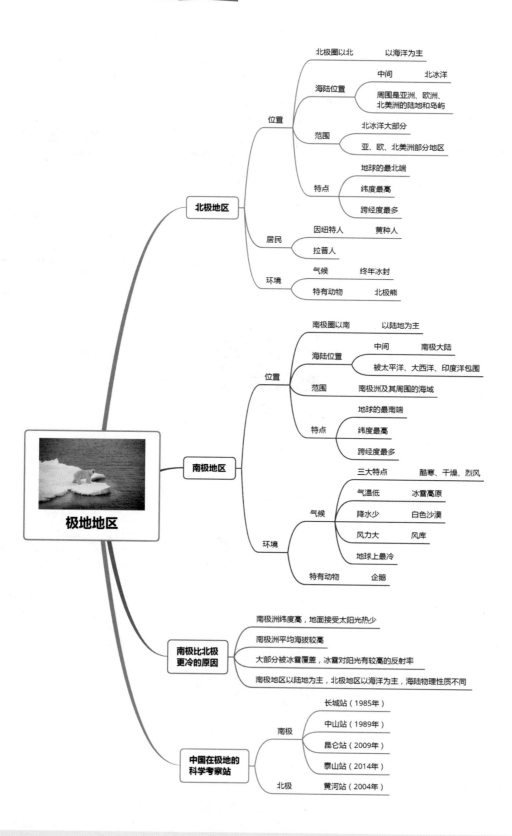

极地地区

- 北极地区
  - 位置
    - 海陆位置
      - 北极圈以北　以海洋为主
      - 中间　北冰洋
      - 周围是亚洲、欧洲、北美洲的陆地和岛屿
    - 范围
      - 北冰洋大部分
      - 亚、欧、北美洲部分地区
    - 特点
      - 地球的最北端
      - 纬度最高
      - 跨经度最多
  - 居民
    - 因纽特人　黄种人
    - 拉普人
  - 环境
    - 气候　终年冰封
    - 特有动物　北极熊
- 南极地区
  - 位置
    - 海陆位置
      - 南极圈以南　以陆地为主
      - 中间　南极大陆
      - 被太平洋、大西洋、印度洋包围
    - 范围　南极洲及其周围的海域
    - 特点
      - 地球的最南端
      - 纬度最高
      - 跨经度最多
  - 环境
    - 三大特点　酷寒、干燥、烈风
    - 气候
      - 气温低　冰雪高原
      - 降水少　白色沙漠
      - 风力大　风库
      - 地球上最冷
    - 特有动物　企鹅
- 南极比北极更冷的原因
  - 南极洲纬度高，地面接受太阳光热少
  - 南极洲平均海拔较高
  - 大部分被冰雪覆盖，冰雪对阳光有较高的反射率
  - 南极地区以陆地为主，北极地区以海洋为主，海陆物理性质不同
- 中国在极地的科学考察站
  - 南极
    - 长城站（1985年）
    - 中山站（1989年）
    - 昆仑站（2009年）
    - 泰山站（2014年）
  - 北极　黄河站（2004年）

生物

七年级上册《生物》思维导图

○ 第一章 认识生物

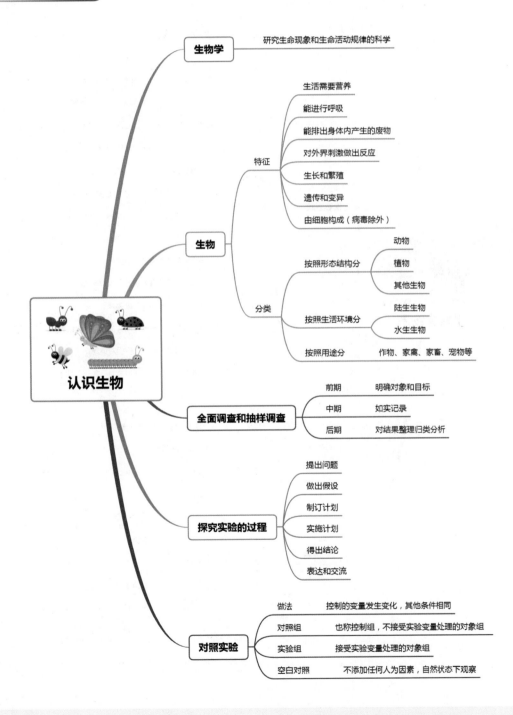

认识生物

- **生物学** —— 研究生命现象和生命活动规律的科学
- **生物**
  - 特征
    - 生活需要营养
    - 能进行呼吸
    - 能排出身体内产生的废物
    - 对外界刺激做出反应
    - 生长和繁殖
    - 遗传和变异
    - 由细胞构成（病毒除外）
  - 分类
    - 按照形态结构分
      - 动物
      - 植物
      - 其他生物
    - 按照生活环境分
      - 陆生生物
      - 水生生物
    - 按照用途分 —— 作物、家禽、家畜、宠物等
- **全面调查和抽样调查**
  - 前期 —— 明确对象和目标
  - 中期 —— 如实记录
  - 后期 —— 对结果整理归类分析
- **探究实验的过程**
  - 提出问题
  - 做出假设
  - 制订计划
  - 实施计划
  - 得出结论
  - 表达和交流
- **对照实验**
  - 做法 —— 控制的变量发生变化，其他条件相同
  - 对照组 —— 也称控制组，不接受实验变量处理的对象组
  - 实验组 —— 接受实验变量处理的对象组
  - 空白对照 —— 不添加任何人为因素，自然状态下观察

第二章 了解生物圈

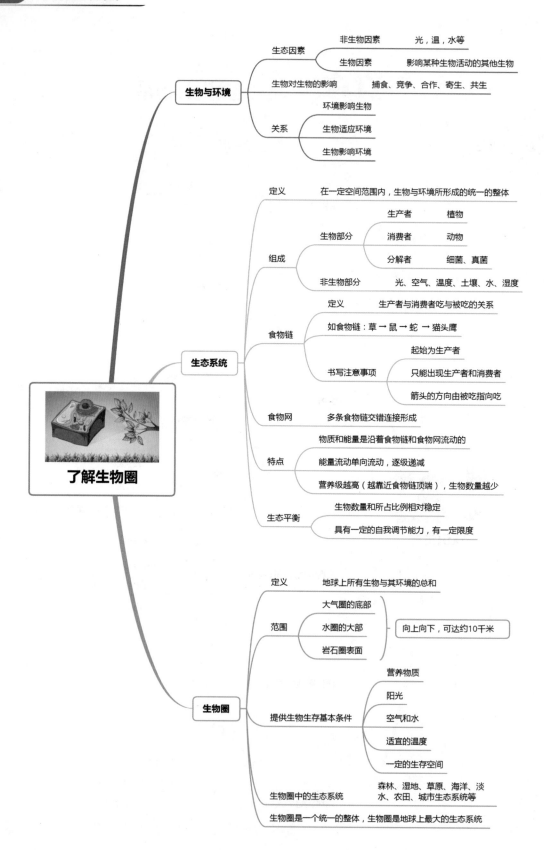

了解生物圈

生物与环境
- 生态因素
  - 非生物因素 —— 光，温，水等
  - 生物因素 —— 影响某种生物活动的其他生物
- 生物对生物的影响 —— 捕食、竞争、合作、寄生、共生
- 关系
  - 环境影响生物
  - 生物适应环境
  - 生物影响环境

生态系统
- 定义 —— 在一定空间范围内，生物与环境所形成的统一的整体
- 组成
  - 生物部分
    - 生产者 —— 植物
    - 消费者 —— 动物
    - 分解者 —— 细菌、真菌
  - 非生物部分 —— 光、空气、温度、土壤、水、湿度
- 食物链
  - 定义 —— 生产者与消费者吃与被吃的关系
  - 如食物链：草 → 鼠 → 蛇 → 猫头鹰
  - 书写注意事项
    - 起始为生产者
    - 只能出现生产者和消费者
    - 箭头的方向由被吃指向吃
- 食物网 —— 多条食物链交错连接形成
- 特点
  - 物质和能量是沿着食物链和食物网流动的
  - 能量流动单向流动，逐级递减
  - 营养级越高（越靠近食物链顶端），生物数量越少
- 生态平衡
  - 生物数量和所占比例相对稳定
  - 具有一定的自我调节能力，有一定限度

生物圈
- 定义 —— 地球上所有生物与其环境的总和
- 范围
  - 大气圈的底部
  - 水圈的大部 —— 向上向下，可达约10千米
  - 岩石圈表面
- 提供生物生存基本条件
  - 营养物质
  - 阳光
  - 空气和水
  - 适宜的温度
  - 一定的生存空间
- 生物圈中的生态系统 —— 森林、湿地、草原、海洋、淡水、农田、城市生态系统等
- 生物圈是一个统一的整体，生物圈是地球上最大的生态系统

第二单元　生物体的结构层次

第一章　细胞是生命活动的基本单位

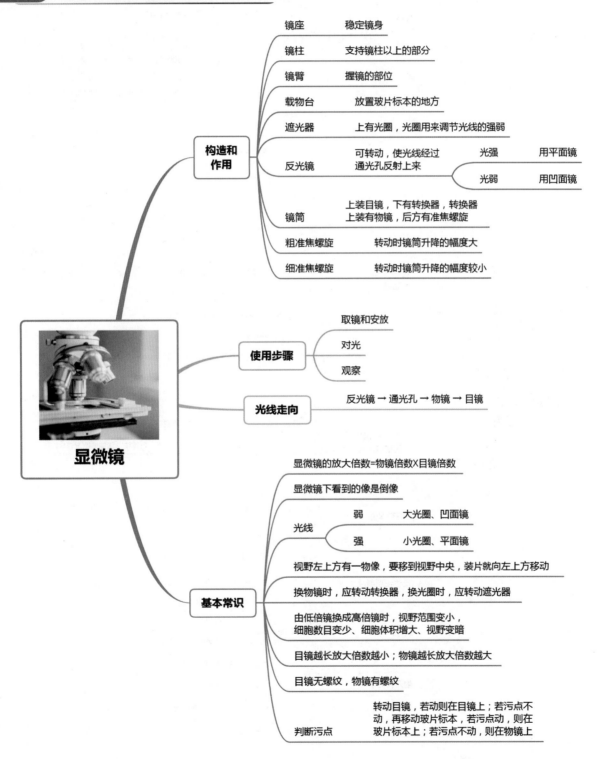

显微镜

构造和作用

镜座	稳定镜身
镜柱	支持镜柱以上的部分
镜臂	握镜的部位
载物台	放置玻片标本的地方
遮光器	上有光圈，光圈用来调节光线的强弱
反光镜	可转动，使光线经过通光孔反射上来

反光镜：
- 光强　用平面镜
- 光弱　用凹面镜

镜筒	上装目镜，下有转换器，转换器上装有物镜，后方有准焦螺旋
粗准焦螺旋	转动时镜筒升降的幅度大
细准焦螺旋	转动时镜筒升降的幅度较小

使用步骤
- 取镜和安放
- 对光
- 观察

光线走向
反光镜 → 通光孔 → 物镜 → 目镜

基本常识
- 显微镜的放大倍数=物镜倍数×目镜倍数
- 显微镜下看到的像是倒像
- 光线
  - 弱　大光圈、凹面镜
  - 强　小光圈、平面镜
- 视野左上方有一物像，要移到视野中央，装片就向左上方移动
- 换物镜时，应转动转换器，换光圈时，应转动遮光器
- 由低倍镜换成高倍镜时，视野范围变小，细胞数目变少、细胞体积增大、视野变暗
- 目镜越长放大倍数越小；物镜越长放大倍数越大
- 目镜无螺纹，物镜有螺纹
- 判断污点　转动目镜，若动则在目镜上；若污点不动，再移动玻片标本，若污点动，则在玻片标本上；若污点不动，则在物镜上

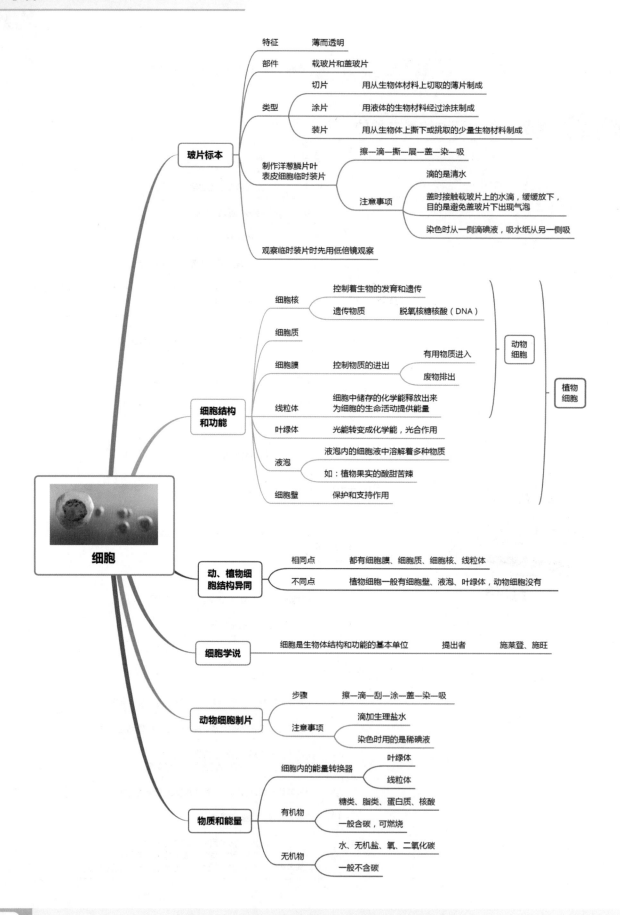

玻片标本
- 特征　薄而透明
- 部件　载玻片和盖玻片
- 类型
  - 切片　用从生物体材料上切取的薄片制成
  - 涂片　用液体的生物材料经过涂抹制成
  - 装片　用从生物体上撕下或挑取的少量生物材料制成
- 制作洋葱鳞片叶表皮细胞临时装片
  - 擦—滴—撕—展—盖—染—吸
  - 注意事项
    - 滴的是清水
    - 盖时接触载玻片上的水滴，缓缓放下，目的是避免盖玻片下出现气泡
    - 染色时从一侧滴碘液，吸水纸从另一侧吸
- 观察临时装片时先用低倍镜观察

细胞结构和功能
- 细胞核
  - 控制着生物的发育和遗传
  - 遗传物质　脱氧核糖核酸（DNA）
- 细胞质
- 细胞膜　控制物质的进出
  - 有用物质进入
  - 废物排出
- 线粒体　细胞中储存的化学能释放出来为细胞的生命活动提供能量
- 叶绿体　光能转变成化学能，光合作用
- 液泡
  - 液泡内的细胞液中溶解着多种物质
  - 如：植物果实的酸甜苦辣
- 细胞壁　保护和支持作用
- 动物细胞
- 植物细胞

细胞

动、植物细胞结构异同
- 相同点　都有细胞膜、细胞质、细胞核、线粒体
- 不同点　植物细胞一般有细胞壁、液泡、叶绿体，动物细胞没有

细胞学说　细胞是生物体结构和功能的基本单位　提出者　施莱登、施旺

动物细胞制片
- 步骤　擦—滴—刮—涂—盖—染—吸
- 注意事项
  - 滴加生理盐水
  - 染色时用的是稀碘液

物质和能量
- 细胞内的能量转换器
  - 叶绿体
  - 线粒体
- 有机物
  - 糖类、脂类、蛋白质、核酸
  - 一般含碳，可燃烧
- 无机物
  - 水、无机盐、氧、二氧化碳
  - 一般不含碳

第二章 细胞怎样构成生物体

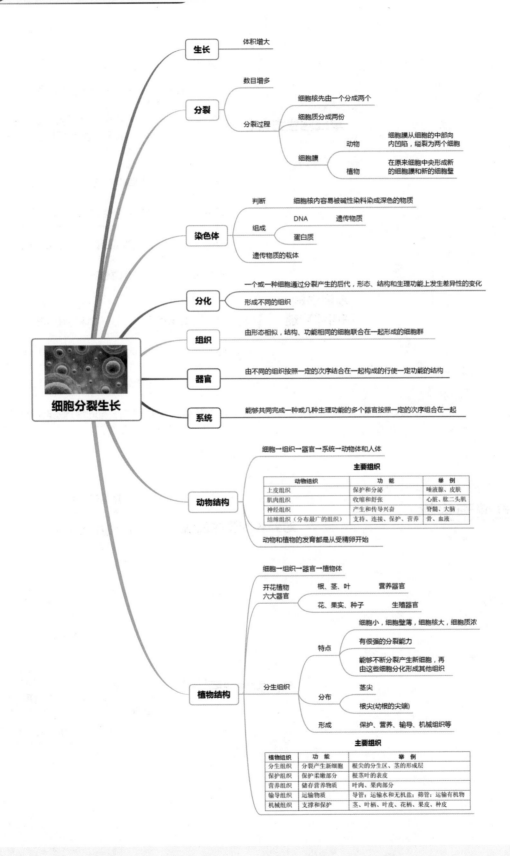

细胞分裂生长

- **生长** —— 体积增大
- **分裂**
  - 数目增多
  - 分裂过程
    - 细胞核先由一个分成两个
    - 细胞质分成两份
    - 细胞膜
      - 动物 —— 细胞膜从细胞的中部向内凹陷，缢裂为两个细胞
      - 植物 —— 在原来细胞中央形成新的细胞膜和新的细胞壁
- **染色体**
  - 判断 —— 细胞核内容物易被碱性染料染成深色的物质
  - 组成
    - DNA —— 遗传物质
    - 蛋白质
  - 遗传物质的载体
- **分化**
  - 一个或一种细胞通过分裂产生的后代，形态、结构和生理功能上发生差异性的变化
  - 形成不同的组织
- **组织** —— 由形态相似，结构、功能相同的细胞联合在一起形成的细胞群
- **器官** —— 由不同的组织按照一定的次序结合在一起构成的行使一定功能的结构
- **系统** —— 能够共同完成一种或几种生理功能的多个器官按照一定的次序组合在一起
- **动物结构**
  - 细胞→组织→器官→系统→动物体和人体

主要组织

动物组织	功 能	举 例
上皮组织	保护和分泌	唾液腺、皮肤
肌肉组织	收缩和舒张	心脏、肱二头肌
神经组织	产生和传导兴奋	脊髓、大脑
结缔组织（分布最广的组织）	支持、连接、保护、营养	骨、血液

  - 动物和植物的发育都是从受精卵开始

- **植物结构**
  - 细胞→组织→器官→植物体
  - 开花植物六大器官
    - 根、茎、叶 —— 营养器官
    - 花、果实、种子 —— 生殖器官
  - 分生组织
    - 特点
      - 细胞小，细胞壁薄，细胞核大，细胞质浓
      - 有很强的分裂能力
      - 能够不断分裂产生新细胞，再由这些细胞分化形成其他组织
    - 分布
      - 茎尖
      - 根尖(幼根的尖端)
    - 形成 —— 保护、营养、输导、机械组织等

主要组织

植物组织	功 能	举 例
分生组织	分裂产生新细胞	根尖的分生区、茎的形成层
保护组织	保护柔嫩部分	根茎叶的表皮
营养组织	储存营养物质	叶肉、果肉部分
输导组织	运输物质	导管：运输水和无机盐；筛管：运输有机物
机械组织	支撑和保护	茎、叶柄、叶皮、花柄、果皮、种皮

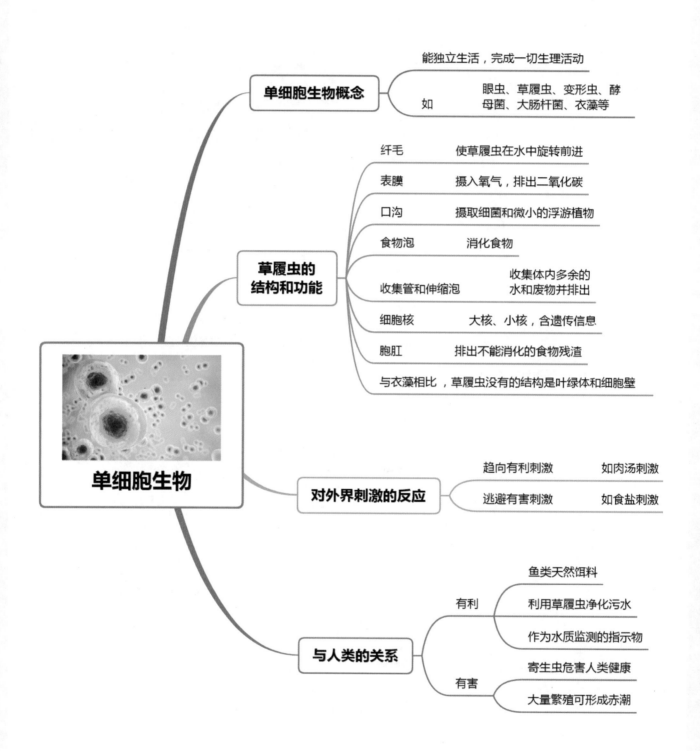

单细胞生物概念
能独立生活，完成一切生理活动
如　眼虫、草履虫、变形虫、酵母菌、大肠杆菌、衣藻等

草履虫的结构和功能
纤毛　　　　使草履虫在水中旋转前进
表膜　　　　摄入氧气，排出二氧化碳
口沟　　　　摄取细菌和微小的浮游植物
食物泡　　　消化食物
收集管和伸缩泡　　收集体内多余的水和废物并排出
细胞核　　　大核、小核，含遗传信息
胞肛　　　　排出不能消化的食物残渣
与衣藻相比，草履虫没有的结构是叶绿体和细胞壁

单细胞生物

对外界刺激的反应
趋向有利刺激　　　如肉汤刺激
逃避有害刺激　　　如食盐刺激

与人类的关系
有利
鱼类天然饵料
利用草履虫净化污水
作为水质监测的指示物
有害
寄生虫危害人类健康
大量繁殖可形成赤潮

第三单元 生物圈中的绿色植物

第一章 生物圈中有哪些绿色植物

种类	生活环境	形态特征	与人类关系	代表植物
藻类植物	大多在水中，少数在陆地阴湿处	单细胞的（衣藻）或多细胞，结构简单，无根、茎、叶的分化，无输导组织	释放氧气，为水中生物提供食物，可供食用和药用	淡水：衣藻、水绵海洋：海带、紫菜、裙带菜
苔藓植物	陆地上潮湿环境中	植株矮小，一般具有茎、叶，根为假根，无输导组织	能够作为监测空气污染程度的指示植物	葫芦藓、墙藓、地钱
蕨类植物	森林和山野的潮湿环境	植株比苔藓植物高大得多。具有根、茎、叶，有专门的输导组织	食用（蕨）；药用（卷柏、贯众）；绿肥和饲料（满江红），遗体可变成煤	肾蕨、蕨、铁线蕨、卷柏、贯众、胎生狗脊、满江红

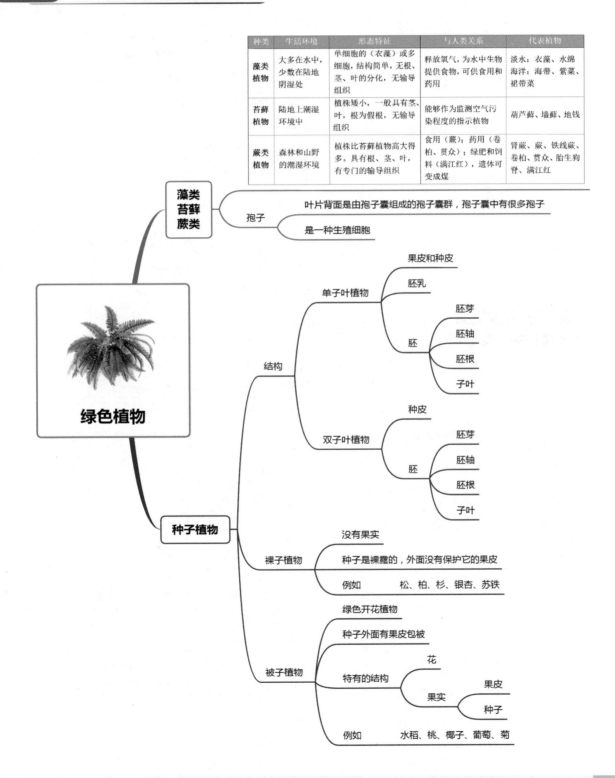

第二章 被子植物的一生

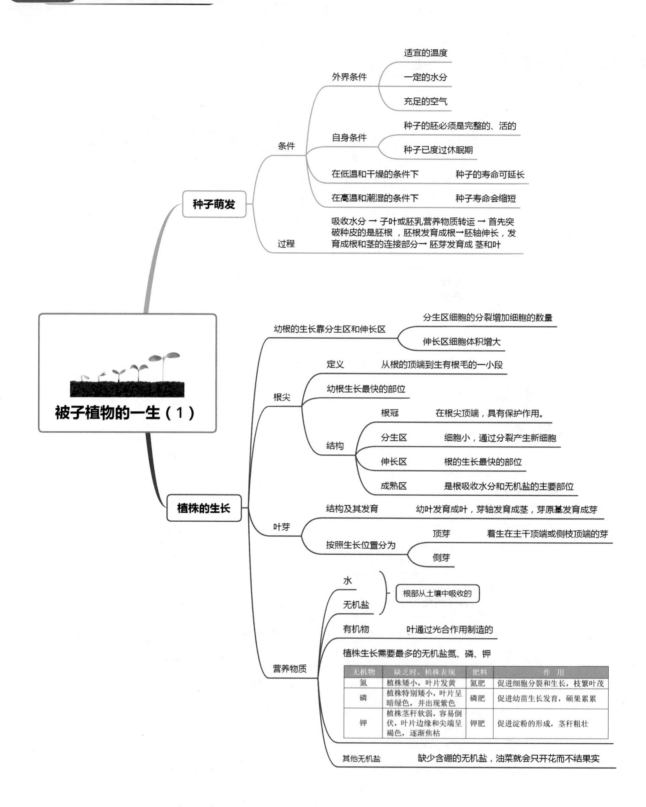

被子植物的一生（1）

种子萌发

- 条件
  - 外界条件
    - 适宜的温度
    - 一定的水分
    - 充足的空气
  - 自身条件
    - 种子的胚必须是完整的、活的
    - 种子已度过休眠期
  - 在低温和干燥的条件下　种子的寿命可延长
  - 在高温和潮湿的条件下　种子寿命会缩短
- 过程
  - 吸收水分 → 子叶或胚乳营养物质转运 → 首先突破种皮的是胚根，胚根发育成根→胚轴伸长，发育成根和茎的连接部分→ 胚芽发育成 茎和叶

植株的生长

- 幼根的生长靠分生区和伸长区
  - 分生区细胞的分裂增加细胞的数量
  - 伸长区细胞体积增大
- 根尖
  - 定义　从根的顶端到生有根毛的一小段
  - 幼根生长最快的部位
  - 结构
    - 根冠　在根尖顶端，具有保护作用。
    - 分生区　细胞小，通过分裂产生新细胞
    - 伸长区　根的生长最快的部位
    - 成熟区　是根吸收水分和无机盐的主要部位
- 叶芽
  - 结构及其发育　幼叶发育成叶，芽轴发育成茎，芽原基发育成芽
  - 按照生长位置分为
    - 顶芽　着生在主干顶端或侧枝顶端的芽
    - 侧芽
- 营养物质
  - 水
  - 无机盐 ── 根部从土壤中吸收的
  - 有机物　叶通过光合作用制造的
  - 植株生长需要最多的无机盐氮、磷、钾

无机物	缺乏时，植株表现	肥料	作　用
氮	植株矮小，叶片发黄	氮肥	促进细胞分裂和生长，枝繁叶茂
磷	植株特别矮小，叶片呈暗绿色，并出现紫色	磷肥	促进幼苗生长发育，硕果累累
钾	植株茎秆软弱，容易倒伏，叶片边缘和尖端呈褐色，逐渐焦枯	钾肥	促进淀粉的形成，茎秆粗壮

  - 其他无机盐　缺少含硼的无机盐，油菜就会只开花而不结果实

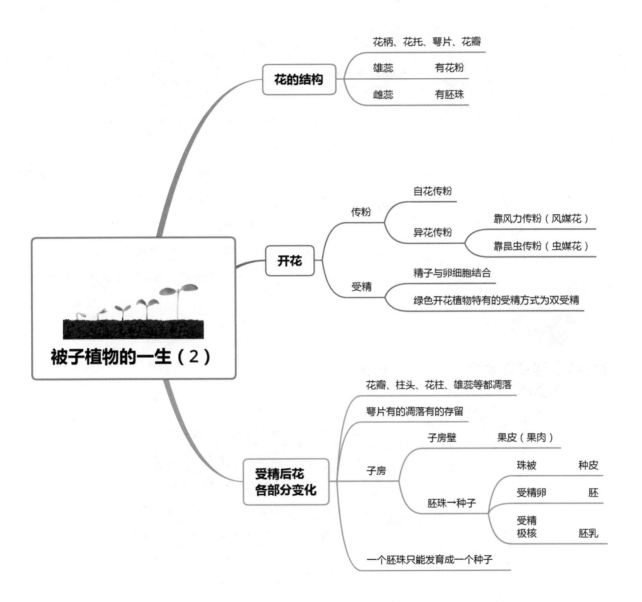

花的结构
花柄、花托、萼片、花瓣
雄蕊　　有花粉
雌蕊　　有胚珠

开花
传粉
自花传粉
异花传粉
靠风力传粉（风媒花）
靠昆虫传粉（虫媒花）
受精
精子与卵细胞结合
绿色开花植物特有的受精方式为双受精

被子植物的一生（2）

受精后花各部分变化
花瓣、柱头、花柱、雄蕊等都凋落
萼片有的凋落有的存留
子房
子房壁　　果皮（果肉）
胚珠→种子
珠被　　种皮
受精卵　　胚
受精极核　　胚乳
一个胚珠只能发育成一个种子

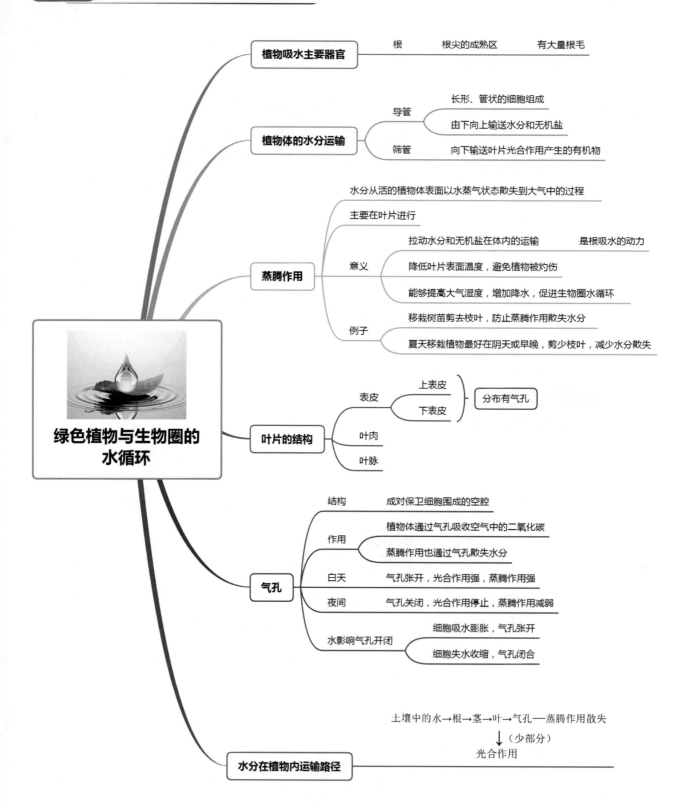

第三章 绿色植物与生物圈的水循环

植物吸水主要器官　　根　　根尖的成熟区　　有大量根毛

植物体的水分运输
导管　长形、管状的细胞组成
　　　由下向上输送水分和无机盐
筛管　向下输送叶片光合作用产生的有机物

蒸腾作用
水分从活的植物体表面以水蒸气状态散失到大气中的过程
主要在叶片进行
意义　拉动水分和无机盐在体内的运输　是根吸水的动力
　　　降低叶片表面温度，避免植物被灼伤
　　　能够提高大气湿度，增加降水，促进生物圈水循环
例子　移栽树苗剪去枝叶，防止蒸腾作用散失水分
　　　夏天移栽植物最好在阴天或早晚，剪少枝叶，减少水分散失

绿色植物与生物圈的水循环

叶片的结构
表皮　上表皮　下表皮　分布有气孔
叶肉
叶脉

气孔
结构　成对保卫细胞围成的空腔
作用　植物体通过气孔吸收空气中的二氧化碳
　　　蒸腾作用也通过气孔散失水分
白天　气孔张开，光合作用强，蒸腾作用强
夜间　气孔关闭，光合作用停止，蒸腾作用减弱
水影响气孔开闭　细胞吸水膨胀，气孔张开
　　　　　　　　细胞失水收缩，气孔闭合

水分在植物内运输路径
土壤中的水→根→茎→叶→气孔—蒸腾作用散失
　　　　　　　　↓（少部分）
　　　　　　　光合作用

第四章 绿色植物是生物圈中有机物的制造者

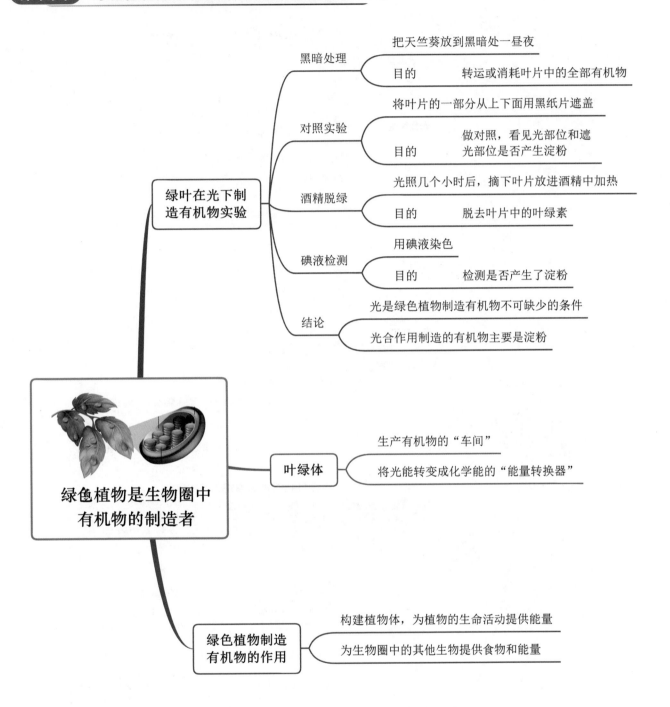

绿叶在光下制造有机物实验

黑暗处理
把天竺葵放到黑暗处一昼夜
目的　　　转运或消耗叶片中的全部有机物

对照实验
将叶片的一部分从上下面用黑纸片遮盖
目的　　　做对照，看见光部位和遮光部位是否产生淀粉

酒精脱绿
光照几个小时后，摘下叶片放进酒精中加热
目的　　　脱去叶片中的叶绿素

碘液检测
用碘液染色
目的　　　检测是否产生了淀粉

结论
光是绿色植物制造有机物不可缺少的条件
光合作用制造的有机物主要是淀粉

绿色植物是生物圈中有机物的制造者

叶绿体
生产有机物的"车间"
将光能转变成化学能的"能量转换器"

绿色植物制造有机物的作用
构建植物体，为植物的生命活动提供能量
为生物圈中的其他生物提供食物和能量

第五章 绿色植物与生物圈中的碳-氧平衡

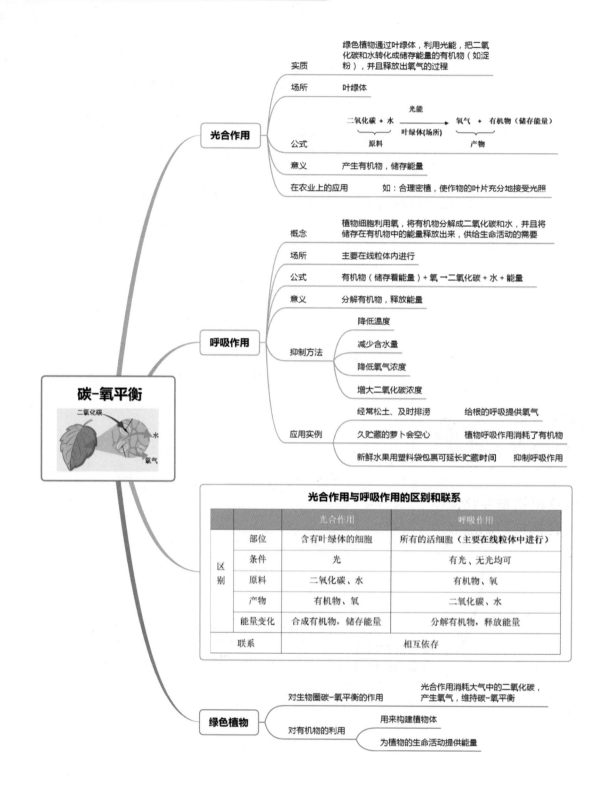

光合作用

- 实质：绿色植物通过叶绿体，利用光能，把二氧化碳和水转化成储存能量的有机物（如淀粉），并且释放出氧气的过程
- 场所：叶绿体
- 公式：
  $$\text{二氧化碳 + 水} \xrightarrow[\text{叶绿体（场所）}]{\text{光能}} \text{氧气 + 有机物（储存能量）}$$
  原料 → 产物
- 意义：产生有机物，储存能量
- 在农业上的应用：如：合理密植，使作物的叶片充分地接受光照

呼吸作用

- 概念：植物细胞利用氧，将有机物分解成二氧化碳和水，并且将储存有机物中的能量释放出来，供给生命活动的需要
- 场所：主要在线粒体内进行
- 公式：有机物（储存着能量）+ 氧 → 二氧化碳 + 水 + 能量
- 意义：分解有机物，释放能量
- 抑制方法：
  - 降低温度
  - 减少含水量
  - 降低氧气浓度
  - 增大二氧化碳浓度
- 应用实例：
  - 经常松土、及时排涝——给根的呼吸提供氧气
  - 久贮藏的萝卜会空心——植物呼吸作用消耗了有机物
  - 新鲜水果用塑料袋包裹可延长贮藏时间——抑制呼吸作用

光合作用与呼吸作用的区别和联系

		光合作用	呼吸作用
区别	部位	含有叶绿体的细胞	所有的活细胞（主要在线粒体中进行）
	条件	光	有光、无光均可
	原料	二氧化碳、水	有机物、氧
	产物	有机物、氧	二氧化碳、水
	能量变化	合成有机物，储存能量	分解有机物，释放能量
联系		相互依存	

绿色植物

- 对生物圈碳-氧平衡的作用：光合作用消耗大气中的二氧化碳，产生氧气，维持碳-氧平衡
- 对有机物的利用：
  - 用来构建植物体
  - 为植物的生命活动提供能量

碳-氧平衡

第四单元 生物圈中的人

第一章 人的由来

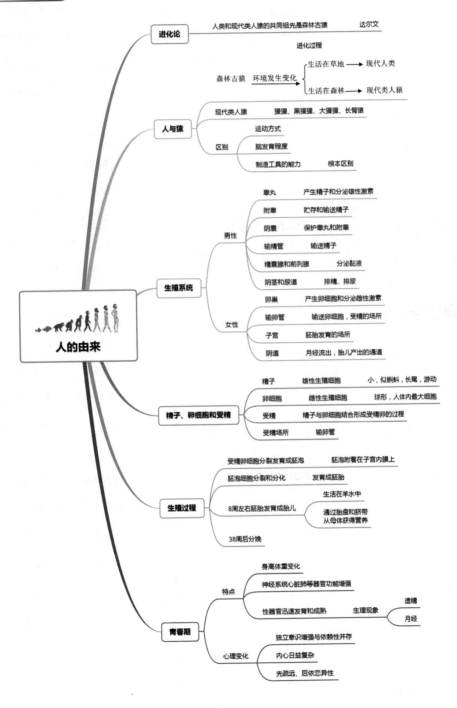

人的由来

- **进化论**
  - 人类和现代类人猿的共同祖先是森林古猿 —— 达尔文
  - 进化过程
  - 森林古猿 环境发生变化
    - 生活在草地 → 现代人类
    - 生活在森林 → 现代类人猿

- **人与猿**
  - 现代类人猿 —— 猩猩、黑猩猩、大猩猩、长臂猿
  - 区别
    - 运动方式
    - 脑发育程度
    - 制造工具的能力 —— 根本区别

- **生殖系统**
  - 男性
    - 睾丸 —— 产生精子和分泌雄性激素
    - 附睾 —— 贮存和输送精子
    - 阴囊 —— 保护睾丸和附睾
    - 输精管 —— 输送精子
    - 精囊腺和前列腺 —— 分泌黏液
    - 阴茎和尿道 —— 排精、排尿
  - 女性
    - 卵巢 —— 产生卵细胞和分泌雌性激素
    - 输卵管 —— 输送卵细胞，受精的场所
    - 子宫 —— 胚胎发育的场所
    - 阴道 —— 月经流出，胎儿产出的通道

- **精子、卵细胞和受精**
  - 精子 —— 雄性生殖细胞 —— 小，似蝌蚪，长尾，游动
  - 卵细胞 —— 雌性生殖细胞 —— 球形，人体内最大细胞
  - 受精 —— 精子与卵细胞结合形成受精卵的过程
  - 受精场所 —— 输卵管

- **生殖过程**
  - 受精卵细胞分裂发育成胚泡 —— 胚泡附着在子宫内膜上
  - 胚泡细胞分裂和分化 —— 发育成胚胎
  - 8周左右胚胎发育成胎儿
    - 生活在羊水中
    - 通过胎盘和脐带从母体获得营养
  - 38周后分娩

- **青春期**
  - 特点
    - 身高体重变化
    - 神经系统心脏肺等器官功能增强
    - 性器官迅速发育和成熟 —— 生理现象
      - 遗精
      - 月经
  - 心理变化
    - 独立意识增强与依赖性并存
    - 内心日益复杂
    - 先疏远、后依恋异性

第二章 人体的营养

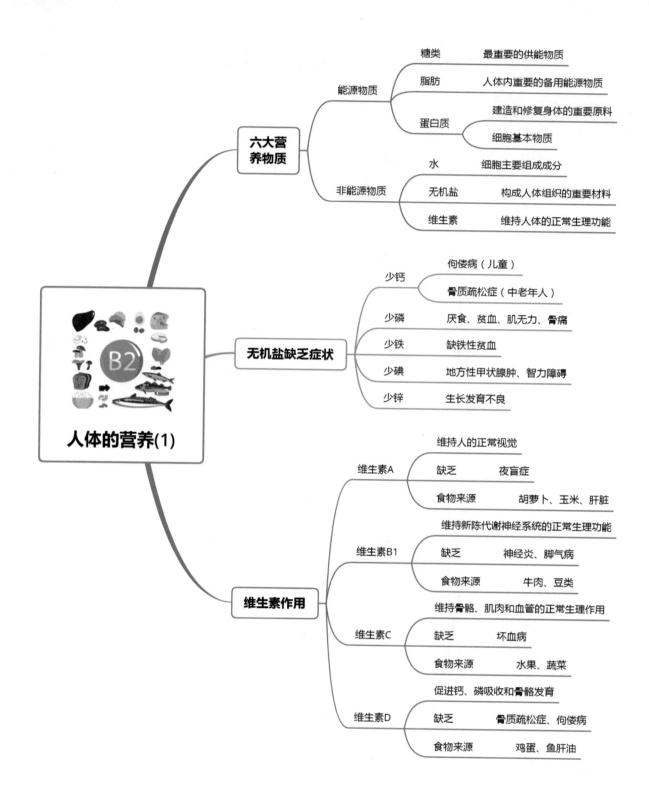

人体的营养(1)

六大营养物质
- 能源物质
  - 糖类 —— 最重要的供能物质
  - 脂肪 —— 人体内重要的备用能源物质
  - 蛋白质
    - 建造和修复身体的重要原料
    - 细胞基本物质
- 非能源物质
  - 水 —— 细胞主要组成成分
  - 无机盐 —— 构成人体组织的重要材料
  - 维生素 —— 维持人体的正常生理功能

无机盐缺乏症状
- 少钙
  - 佝偻病（儿童）
  - 骨质疏松症（中老年人）
- 少磷 —— 厌食、贫血、肌无力、骨痛
- 少铁 —— 缺铁性贫血
- 少碘 —— 地方性甲状腺肿、智力障碍
- 少锌 —— 生长发育不良

维生素作用
- 维生素A
  - 维持人的正常视觉
  - 缺乏 —— 夜盲症
  - 食物来源 —— 胡萝卜、玉米、肝脏
- 维生素B1
  - 维持新陈代谢神经系统的正常生理功能
  - 缺乏 —— 神经炎、脚气病
  - 食物来源 —— 牛肉、豆类
- 维生素C
  - 维持骨骼、肌肉和血管的正常生理作用
  - 缺乏 —— 坏血病
  - 食物来源 —— 水果、蔬菜
- 维生素D
  - 促进钙、磷吸收和骨骼发育
  - 缺乏 —— 骨质疏松症、佝偻病
  - 食物来源 —— 鸡蛋、鱼肝油

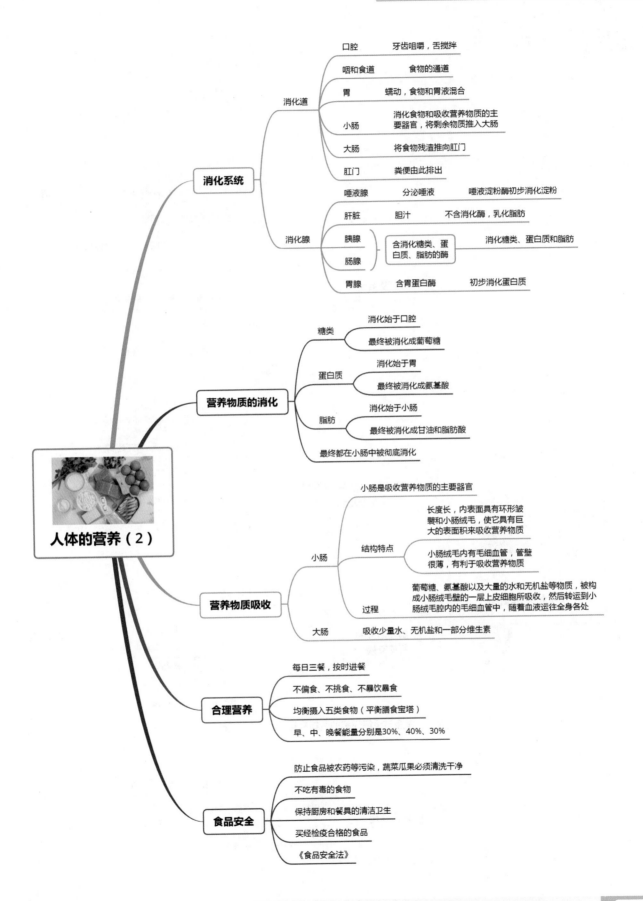

消化系统
- 消化道
  - 口腔　　牙齿咀嚼，舌搅拌
  - 咽和食道　　食物的通道
  - 胃　　蠕动，食物和胃液混合
  - 小肠　　消化食物和吸收营养物质的主要器官，将剩余物质推入大肠
  - 大肠　　将食物残渣推向肛门
  - 肛门　　粪便由此排出
- 消化腺
  - 唾液腺　　分泌唾液　　唾液淀粉酶初步消化淀粉
  - 肝脏　　胆汁　　不含消化酶，乳化脂肪
  - 胰腺　　含消化糖类、蛋白质、脂肪的酶　　消化糖类、蛋白质和脂肪
  - 肠腺
  - 胃腺　　含胃蛋白酶　　初步消化蛋白质

营养物质的消化
- 糖类
  - 消化始于口腔
  - 最终被消化成葡萄糖
- 蛋白质
  - 消化始于胃
  - 最终被消化成氨基酸
- 脂肪
  - 消化始于小肠
  - 最终被消化成甘油和脂肪酸
- 最终都在小肠中被彻底消化

人体的营养（2）

营养物质吸收
- 小肠是吸收营养物质的主要器官
- 小肠
  - 结构特点
    - 长度长，内表面具有环形皱襞和小肠绒毛，使它具有巨大的表面积来吸收营养物质
    - 小肠绒毛内有毛细血管，管壁很薄，有利于吸收营养物质
  - 过程　　葡萄糖、氨基酸以及大量的水和无机盐等物质，被构成小肠绒毛壁的一层上皮细胞所吸收，然后转运到小肠绒毛腔内的毛细血管中，随着血液运往全身各处
- 大肠　　吸收少量水、无机盐和一部分维生素

合理营养
- 每日三餐，按时进餐
- 不偏食、不挑食、不暴饮暴食
- 均衡摄入五类食物（平衡膳食宝塔）
- 早、中、晚餐能量分别是30%、40%、30%

食品安全
- 防止食品被农药等污染，蔬菜瓜果必须清洗干净
- 不吃有毒的食物
- 保持厨房和餐具的清洁卫生
- 买经检疫合格的食品
- 《食品安全法》

第三章 人体的呼吸

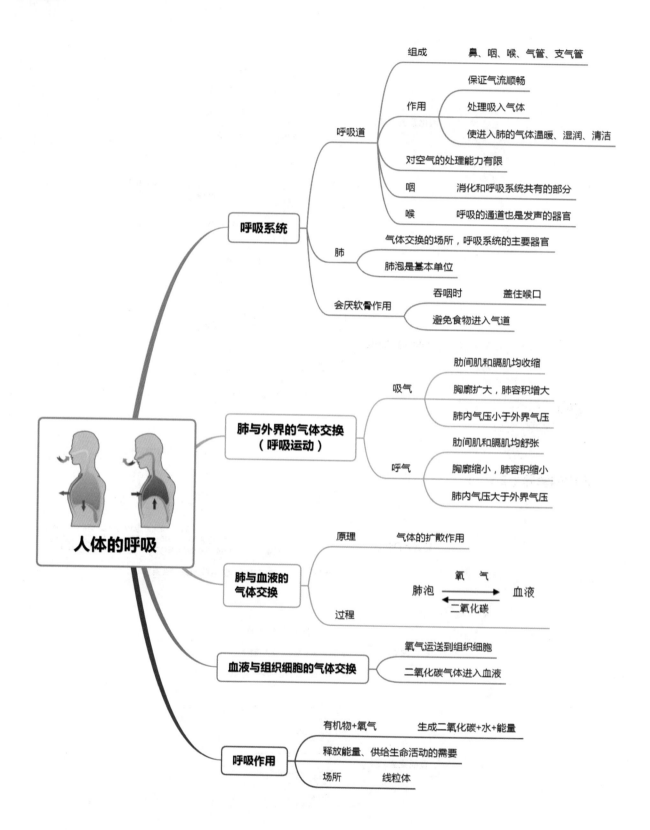

第四章 人体内物质的运输

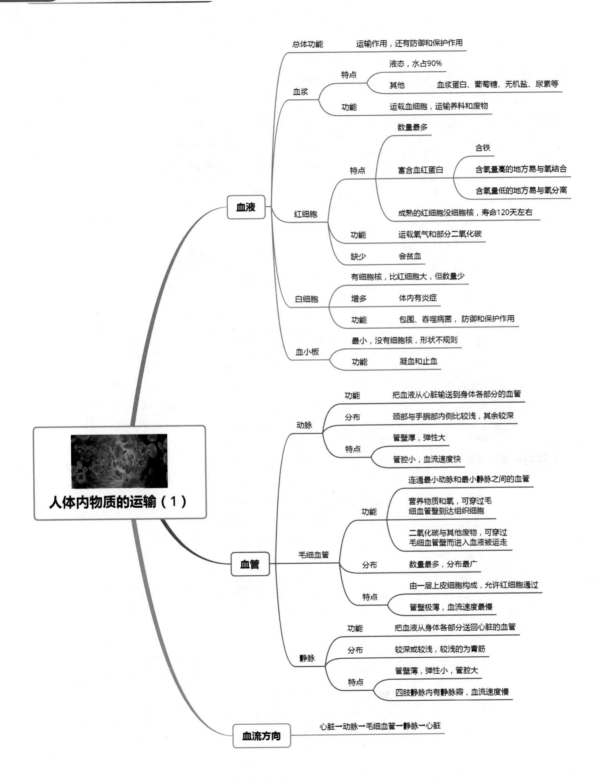

总体功能　　运输作用，还有防御和保护作用

血浆
- 特点　　液态，水占90%
  - 其他　　血浆蛋白、葡萄糖、无机盐、尿素等
- 功能　　运载血细胞，运输养料和废物

血液

红细胞
- 特点
  - 数量最多
  - 富含血红蛋白
    - 含铁
    - 含氧量高的地方易与氧结合
    - 含氧量低的地方易与氧分离
  - 成熟的红细胞没细胞核，寿命120天左右
- 功能　　运载氧气和部分二氧化碳
- 缺少　　会贫血

白细胞
- 有细胞核，比红细胞大，但数量少
- 增多　　体内有炎症
- 功能　　包围、吞噬病菌，防御和保护作用

血小板
- 最小，没有细胞核，形状不规则
- 功能　　凝血和止血

人体内物质的运输（1）

血管

动脉
- 功能　　把血液从心脏输送到身体各部分的血管
- 分布　　颈部与手腕部内侧比较浅，其余较深
- 特点
  - 管壁厚，弹性大
  - 管腔小，血流速度快

毛细血管
- 功能
  - 连通最小动脉和最小静脉之间的血管
  - 营养物质和氧，可穿过毛细血管壁到达组织细胞
  - 二氧化碳与其他废物，可穿过毛细血管壁而进入血液被运走
- 分布　　数量最多，分布最广
- 特点
  - 由一层上皮细胞构成，允许红细胞通过
  - 管壁极薄，血流速度最慢

静脉
- 功能　　把血液从身体各部分送回心脏的血管
- 分布　　较深或较浅，较浅的为青筋
- 特点
  - 管壁薄，弹性小，管腔大
  - 四肢静脉内有静脉瓣，血流速度慢

血流方向　　心脏→动脉→毛细血管→静脉→心脏

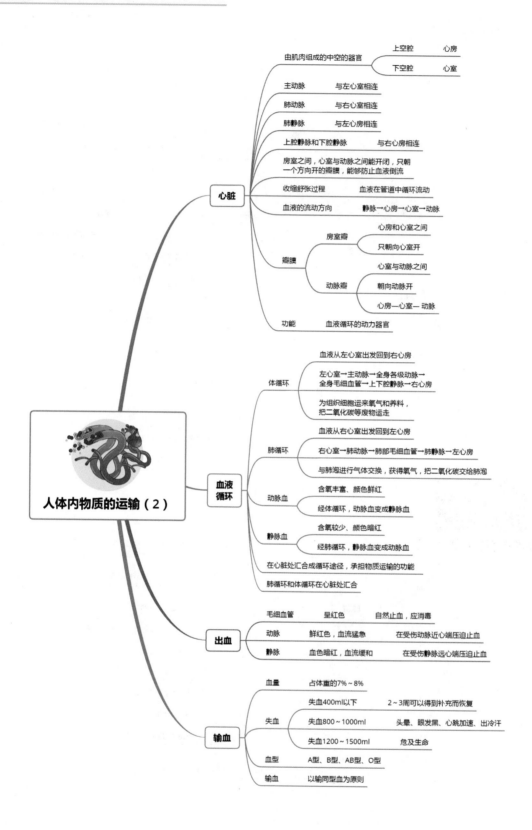

由肌肉组成的中空的器官

上空腔　　　心房
下空腔　　　心室

主动脉　　　与左心室相连
肺动脉　　　与右心室相连
肺静脉　　　与左心房相连
上腔静脉和下腔静脉　　　与右心房相连
房室之间，心室与动脉之间能开闭，只朝一个方向开的瓣膜，能够防止血液倒流
收缩舒张过程　　　血液在管道中循环流动
血液的流动方向　　　静脉→心房→心室→动脉

瓣膜
房室瓣
　心房和心室之间
　只朝向心室开
动脉瓣
　心室与动脉之间
　朝向动脉开
　心房—心室— 动脉
功能　　　血液循环的动力器官

心脏

人体内物质的运输（2）

血液循环

体循环
血液从左心室出发回到右心房
左心室→主动脉→全身各级动脉→全身毛细血管→上下腔静脉→右心房
为组织细胞运来氧气和养料，把二氧化碳等废物运走

肺循环
血液从右心室出发回到左心房
右心室→肺动脉→肺部毛细血管→肺静脉→左心房
与肺泡进行气体交换，获得氧气，把二氧化碳交给肺泡

动脉血
含氧丰富、颜色鲜红
经体循环，动脉血变成静脉血

静脉血
含氧较少、颜色暗红
经肺循环，静脉血变成动脉血

在心脏处汇合成循环途径，承担物质运输的功能
肺循环和体循环在心脏处汇合

出血
毛细血管　　　呈红色　　　自然止血，应消毒
动脉　　　鲜红色，血流猛急　　　在受伤动脉近心端压迫止血
静脉　　　血色暗红，血流缓和　　　在受伤静脉远心端压迫止血

输血
血量　　　占体重的7%～8%
失血
　失血400ml以下　　　2～3周可以得到补充而恢复
　失血800～1000ml　　　头晕、眼发黑、心跳加速、出冷汗
　失血1200～1500ml　　　危及生命
血型　　　A型、B型、AB型、O型
输血　　　以输同型血为原则

第五章 人体内废物的排出

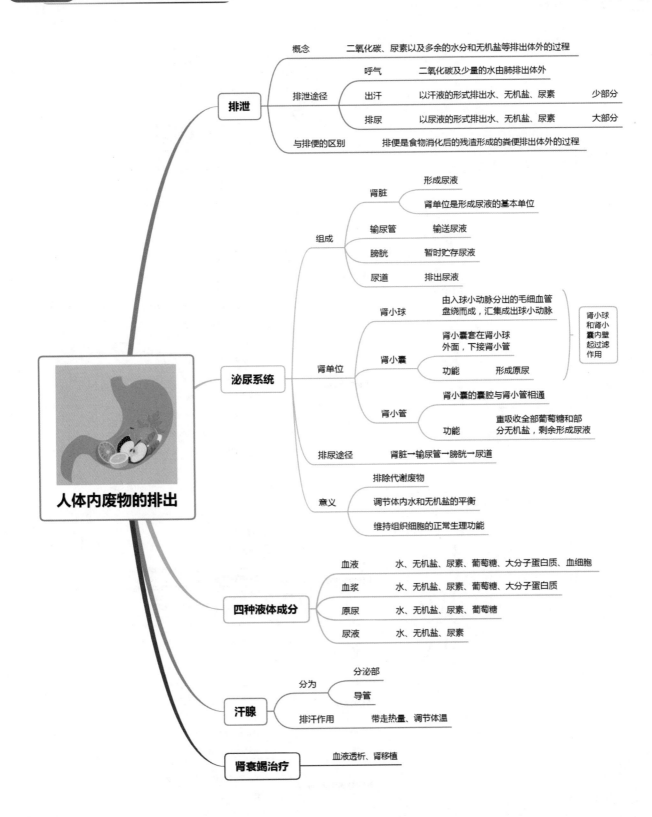

人体内废物的排出

排泄
- 概念　二氧化碳、尿素以及多余的水分和无机盐等排出体外的过程
- 排泄途径
  - 呼气　二氧化碳及少量的水由肺排出体外
  - 出汗　以汗液的形式排出水、无机盐、尿素　少部分
  - 排尿　以尿液的形式排出水、无机盐、尿素　大部分
- 与排便的区别　排便是食物消化后的残渣形成的粪便排出体外的过程

泌尿系统
- 组成
  - 肾脏
    - 形成尿液
    - 肾单位是形成尿液的基本单位
  - 输尿管　输送尿液
  - 膀胱　暂时贮存尿液
  - 尿道　排出尿液
- 肾单位
  - 肾小球　由入球小动脉分出的毛细血管盘绕而成，汇集成出球小动脉
  - 肾小囊
    - 肾小囊套在肾小球外面，下接肾小管
    - 功能　形成原尿
  - 〔肾小球和肾小囊内壁起过滤作用〕
  - 肾小囊的囊腔与肾小管相通
  - 肾小管
    - 功能　重吸收全部葡萄糖和部分无机盐，剩余形成尿液
- 排尿途径　肾脏→输尿管→膀胱→尿道
- 意义
  - 排除代谢废物
  - 调节体内水和无机盐的平衡
  - 维持组织细胞的正常生理功能

四种液体成分
- 血液　水、无机盐、尿素、葡萄糖、大分子蛋白质、血细胞
- 血浆　水、无机盐、尿素、葡萄糖、大分子蛋白质
- 原尿　水、无机盐、尿素、葡萄糖
- 尿液　水、无机盐、尿素

汗腺
- 分为
  - 分泌部
  - 导管
- 排汗作用　带走热量、调节体温

肾衰竭治疗　血液透析、肾移植

第六章　人类生命活动的调节

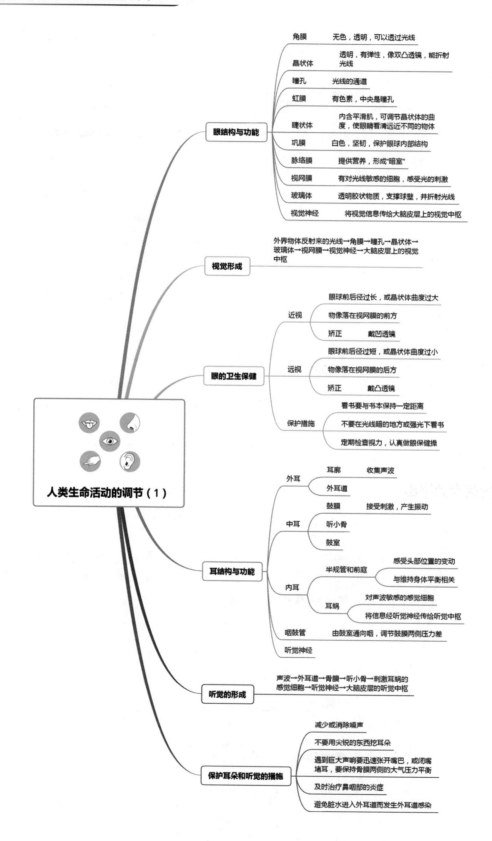

眼结构与功能

角膜	无色，透明，可以透过光线
晶状体	透明，有弹性，像双凸透镜，能折射光线
瞳孔	光线的通道
虹膜	有色素，中央是瞳孔
睫状体	内含平滑肌，可调节晶状体的曲度，使眼睛看清远近不同的物体
巩膜	白色，坚韧，保护眼球内部结构
脉络膜	提供营养，形成"暗室"
视网膜	有对光线敏感的细胞，感受光的刺激
玻璃体	透明胶状物质，支撑球壁，并折射光线
视觉神经	将视觉信息传给大脑皮层上的视觉中枢

视觉形成
外界物体反射来的光线→角膜→瞳孔→晶状体→玻璃体→视网膜→视觉神经→大脑皮层上的视觉中枢

眼的卫生保健

近视
- 眼球前后径过长，或晶状体曲度过大
- 物像落在视网膜的前方
- 矫正　戴凹透镜

远视
- 眼球前后径过短，或晶状体曲度过小
- 物像落在视网膜的后方
- 矫正　戴凸透镜

保护措施
- 看书要与书本保持一定距离
- 不要在光线暗的地方或强光下看书
- 定期检查视力，认真做眼保健操

人类生命活动的调节（1）

耳结构与功能

外耳
- 耳廓　收集声波
- 外耳道

中耳
- 鼓膜　接受刺激，产生振动
- 听小骨
- 鼓室

内耳
- 半规管和前庭
  - 感受头部位置的变动
  - 与维持身体平衡相关
- 耳蜗
  - 对声波敏感的感觉细胞
  - 将信息经听觉神经传给听觉中枢

咽鼓管　由鼓室通向咽，调节鼓膜两侧压力差

听觉神经

听觉的形成
声波→外耳道→骨膜→听小骨→刺激耳蜗的感觉细胞→听觉神经→大脑皮层的听觉中枢

保护耳朵和听觉的措施
- 减少或消除噪声
- 不要用尖锐的东西挖耳朵
- 遇到巨大声响要迅速张开嘴巴，或闭嘴堵耳，要保持骨膜两侧的大气压力平衡
- 及时治疗鼻咽部的炎症
- 避免脏水进入外耳道而发生外耳道感染

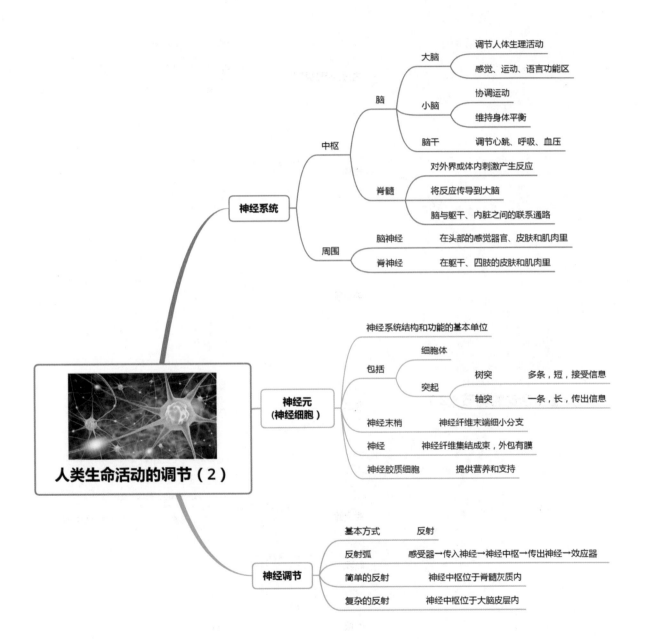

人类生命活动的调节（2）

神经系统
- 中枢
  - 脑
    - 大脑
      - 调节人体生理活动
      - 感觉、运动、语言功能区
    - 小脑
      - 协调运动
      - 维持身体平衡
    - 脑干　调节心跳、呼吸、血压
  - 脊髓
    - 对外界或体内刺激产生反应
    - 将反应传导到大脑
    - 脑与躯干、内脏之间的联系通路
- 周围
  - 脑神经　在头部的感觉器官、皮肤和肌肉里
  - 脊神经　在躯干、四肢的皮肤和肌肉里

神经元（神经细胞）
- 神经系统结构和功能的基本单位
- 包括
  - 细胞体
  - 突起
    - 树突　多条，短，接受信息
    - 轴突　一条，长，传出信息
- 神经末梢　神经纤维末端细小分支
- 神经　神经纤维集结成束，外包有膜
- 神经胶质细胞　提供营养和支持

神经调节
- 基本方式　反射
- 反射弧　感受器→传入神经→神经中枢→传出神经→效应器
- 简单的反射　神经中枢位于脊髓灰质内
- 复杂的反射　神经中枢位于大脑皮层内

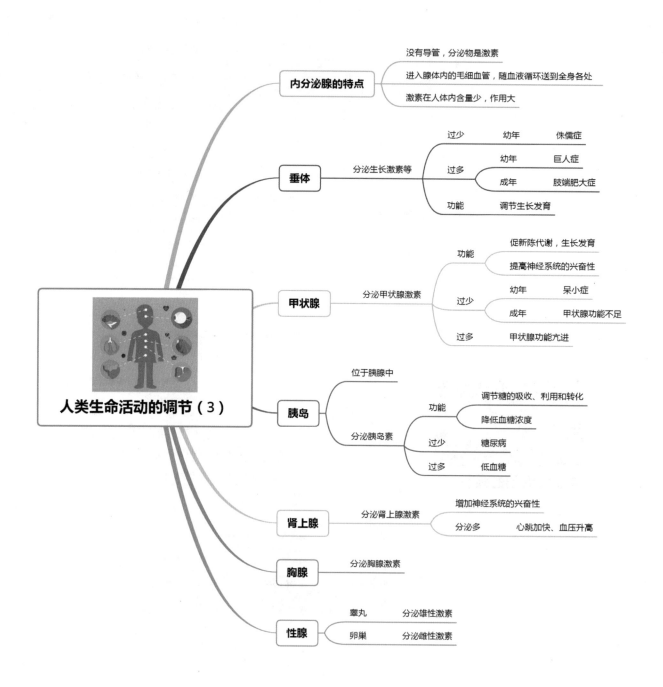

没有导管，分泌物是激素

进入腺体内的毛细血管，随血液循环送到全身各处

激素在人体内含量少，作用大

内分泌腺的特点

垂体 — 分泌生长激素等
- 过少 — 幼年 — 侏儒症
- 过多 — 幼年 — 巨人症
- 过多 — 成年 — 肢端肥大症
- 功能 — 调节生长发育

甲状腺 — 分泌甲状腺激素
- 功能 — 促新陈代谢，生长发育
- 功能 — 提高神经系统的兴奋性
- 过少 — 幼年 — 呆小症
- 过少 — 成年 — 甲状腺功能不足
- 过多 — 甲状腺功能亢进

胰岛
- 位于胰腺中
- 分泌胰岛素
  - 功能 — 调节糖的吸收、利用和转化
  - 功能 — 降低血糖浓度
  - 过少 — 糖尿病
  - 过多 — 低血糖

肾上腺 — 分泌肾上腺激素
- 增加神经系统的兴奋性
- 分泌多 — 心跳加快、血压升高

胸腺 — 分泌胸腺激素

性腺
- 睾丸 — 分泌雄性激素
- 卵巢 — 分泌雌性激素

人类生命活动的调节（3）

第七章 人类活动对生物圈的影响

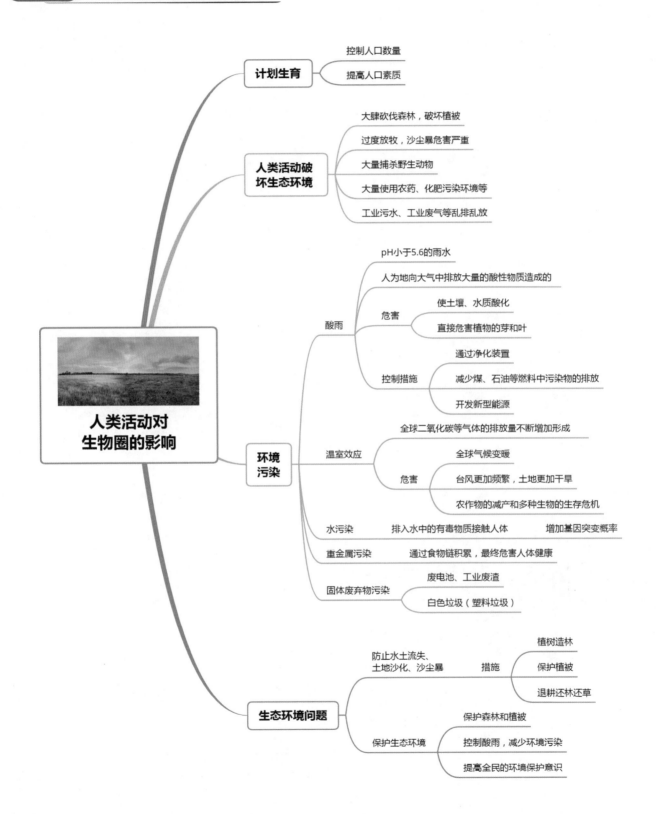

人类活动对
生物圈的影响

- **计划生育**
  - 控制人口数量
  - 提高人口素质

- **人类活动破坏生态环境**
  - 大肆砍伐森林，破坏植被
  - 过度放牧，沙尘暴危害严重
  - 大量捕杀野生动物
  - 大量使用农药、化肥污染环境等
  - 工业污水、工业废气等乱排乱放

- **环境污染**
  - 酸雨
    - pH小于5.6的雨水
    - 人为地向大气中排放大量的酸性物质造成的
    - 危害
      - 使土壤、水质酸化
      - 直接危害植物的芽和叶
    - 控制措施
      - 通过净化装置
      - 减少煤、石油等燃料中污染物的排放
      - 开发新型能源
  - 温室效应
    - 全球二氧化碳等气体的排放量不断增加形成
    - 危害
      - 全球气候变暖
      - 台风更加频繁，土地更加干旱
      - 农作物的减产和多种生物的生存危机
  - 水污染　排入水中的有毒物质接触人体　增加基因突变概率
  - 重金属污染　通过食物链积累，最终危害人体健康
  - 固体废弃物污染
    - 废电池、工业废渣
    - 白色垃圾（塑料垃圾）

- **生态环境问题**
  - 防止水土流失、土地沙化、沙尘暴　措施
    - 植树造林
    - 保护植被
    - 退耕还林还草
  - 保护生态环境
    - 保护森林和植被
    - 控制酸雨，减少环境污染
    - 提高全民的环境保护意识

语文

七年级上册 **古诗词理解性默写**

★1. 观沧海 曹操

东临碣石，以观沧海。水何澹澹，山岛竦峙。
树木丛生，百草丰茂。秋风萧瑟，洪波涌起。
日月之行，若出其中；星汉灿烂，若出其里。
幸甚至哉，歌以咏志。

(1) 诗中写出了诗人所处的方位、地点及观察对象的诗句是 "东临碣石，以观沧海"。
(2) 表现出沧海山水气势的诗句是 "水何澹澹，山岛竦峙"。
(3) 深入描写海水和海岛景物的诗句是 "树木丛生，百草丰茂。秋风萧瑟，洪波涌起"。
(4) 诗中作者发挥想象，描写宇宙包容天地万象的诗句是 "日月之行，若出其中；星汉灿烂，若出其里"。

★2. 闻王昌龄左迁龙标遥有此寄 李白

杨花落尽子规啼，闻道龙标过五溪。
我寄愁心与明月，随君直到夜郎西。

(1) 点明了时令又表达了漂泊之感的句子是 "杨花落尽子规啼，闻道龙标过五溪"。
(2) 抒发了诗人对友人的关切和思念之情的句子是 "我寄愁心与明月，随君直到夜郎西"。

★3. 次北固山下 王湾

客路青山外，行舟绿水前。潮平两岸阔，风正一帆悬。
海日生残夜，江春入旧年。乡书何处达？归雁洛阳边。

(1) 诗中写出了平野开阔、大江直流、风平浪静的景象的诗句是 "潮平两岸阔，风正一帆悬"。
(2) 表现时序变迁、新旧交替这一自然规律，与 "沉舟侧畔千帆过，病树前头万木春" 有异曲同工之妙的诗句是 "海日生残夜，江春入旧年"。
(3) 诗人借 "雁足传书" 来表达思乡愁绪的诗句是 "乡书何处达？归雁洛阳边"。

4. 天净沙·秋思 马致远

枯藤老树昏鸦，小桥流水人家，古道西风瘦马。夕阳西下，断肠人在天涯。

(1) 诗中用一连串的词语，描写出秋天萧瑟景色和旅途状态的句子是 "枯藤老树昏鸦，小桥流水人家，古道西风瘦马"，这几句诗与 "孤村落日残霞，轻烟老树寒鸦" 两句写法相同，意境相似。
(2) 表现出羁旅漂泊的游子忧愁和悲伤的句子是 "夕阳西下，断肠人在天涯"。

★5. 峨眉山月歌 李白

峨眉山月半轮秋，影入平羌江水流。
夜发清溪向三峡，思君不见下渝州。

(1) 写出了月影映入江水，同时暗点秋夜行船之事的诗句是 "峨眉山月半轮秋，影入平羌江水流"。

(2) 表现出诗人与友人依依惜别、思念友人的诗句是 "夜发清溪向三峡，思君不见下渝州"。

★6.江南逢李龟年 杜甫

岐王宅里寻常见，崔九堂前几度闻。

正是江南好风景，落花时节又逢君。

寄寓了诗人对世道衰落和人生飘零的感慨的诗句是 "正是江南好风景，落花时节又逢君"。

7.行军九日思长安故园 岑参

强欲登高去，无人送酒来。

遥怜故园菊，应傍战场开。

诗中描绘了长安城中战火纷飞，菊花寂寞开放的景象的诗句是 "遥怜故园菊，应傍战场开"。

8.夜上受降城闻笛 李益

回乐烽前沙似雪，受降城外月如霜。

不知何处吹芦管，一夜征人尽望乡。

诗人李益描写边塞月夜的独特景色的诗句是 "回乐烽前沙似雪，受降城外月如霜"。

9.秋词(其一) 刘禹锡

自古逢秋悲寂寥，我言秋日胜春朝。

晴空一鹤排云上，便引诗情到碧霄。

(1) 诗中一反悲秋常调，直接赞扬秋景胜过春光的诗句是 "自古逢秋悲寂寥，我言秋日胜春朝"。

(2) 诗中描绘了一幅壮丽、开阔、明艳的秋日图景的句子是 "晴空一鹤排云上，便引诗情到碧霄"。

★10.夜雨寄北 李商隐

君问归期未有期，巴山夜雨涨秋池。

何当共剪西窗烛，却话巴山夜雨时。

(1) 诗中以一问一答开头，然后抒写眼前环境，流露出离别之苦的句子是 "君问归期未有期，巴山夜雨涨秋池"。

(2) 诗中想象与妻子相聚、秉烛夜话的诗句是 "何当共剪西窗烛，却话巴山夜雨时"。

★11.十一月四日风雨大作(其二) 陆游

僵卧孤村不自哀，尚思为国戍轮台。

夜阑卧听风吹雨，铁马冰河入梦来。

(1) 写出诗人过着贫困凄苦生活，但还想着去为国家守卫边疆的句子是 "僵卧孤村不自哀，尚思为国戍轮台"。

(2) 诗中将现实与梦境结合，表达诗人爱国情感的诗句是 "夜阑卧听风吹雨，铁马冰河入梦来"。

12. 潼关 谭嗣同

终古高云簇此城，秋风吹散马蹄声。

河流大野犹嫌束，山入潼关不解平。

从视觉和听觉两方面来渲染潼关一带独特氛围的诗句是"终古高云簇此城，秋风吹散马蹄声"。

七年级上册 文言文理解性默写

★1.《〈论语〉十二章》

(1) 文中强调学习知识要注重复习和实践的句子是"学而时习之，不亦说乎？"。

(2) 文中表达了欢迎远道而来的朋友过来学习交流的句子是"有朋自远方来，不亦乐乎？"。

(3) "人不知而不愠，不亦君子乎？"，告诉我们，如果在不被他人理解时不生气，才算是有君子风范。

(4) 文中"吾日三省吾身"中"三省"的具体内容是"为人谋而不忠乎？与朋友交而不信乎？传不习乎？"。

(5) 孔子自述一生修业进德的过程的句子是"吾十有五而志于学，三十而立，四十而不惑，五十而知天命，六十而耳顺，七十而从心所欲，不逾矩"。

(6) 正如孔子所言"温故而知新，可以为师矣"，能在温习旧知识中有所发现，以至融会贯通，才是获得真知、超越他人的好方法。

(7) 阐述了学习与思考辩证关系的句子是"学而不思则罔，思而不学则殆"。

(8) 孔子赞美颜回能安贫乐道，禁得住困苦的句子是"人不堪其忧，回也不改其乐"。

(9) 孔子论述学习兴趣重要性的句子是"知之者不如好之者，好之者不如乐之者"。

(10) 文中孔子表达不义之财不可取的思想的语句是"不义而富且贵，于我如浮云"。

(11) 文中阐明人生处处有老师的句子是"三人行，必有我师焉"，阐明要善于学习，取长补短的句子是"择其善者而从之，其不善者而改之"。

(12) 孔子对于时间流逝、生命短暂的感叹的句子是"逝者如斯夫，不舍昼夜"。

(13) 孔子用"三军可夺帅也，匹夫不可夺志也"，强调坚守志向和气节的重要性。

(14) 子夏用"博学而笃志，切问而近思"阐明了提升个人修养，要坚定志向、广泛学习，多求教、多思考。

扩展：

(15) 孔子认为只有胸怀宽广、意志坚定的人才能称为"士"的句子是"士不可以不弘毅，任重而道远"。

(16) 孔子论述在艰难困苦的环境中才能考验个人意志的句子是"岁寒，然后知松柏之后凋也"。

★2.《诫子书》

(1) 我们常用诸葛亮的"静以修身，俭以养德"来劝勉那些心浮气躁、生活奢侈、铺张浪费的人。

(2) 诸葛亮用"非淡泊无以明志，非宁静无以致远"来告诫儿子，不安定清静就难以坚守自己的志向，不排除外来干扰就无法达到远大目标。

(3) 诸葛亮用"非学无以广才，非志无以成学"，来阐明一个人要有远大志向和目标，并坚持学习才能学有所成。

七年级上册 文学常识梳理

1.《春》的作者是朱自清，字佩弦，号秋实，江苏扬州人，现代著名散文家，诗人，代表作有散文《荷塘月色》《背影》等。

2.《济南的冬天》的作者是老舍，原名舒庆春，字舍予，北京人，著名作家，代表作品有长篇小说《四世同堂》《骆驼祥子》，话剧《茶馆》《龙须沟》等。1951年，北京市人民政府授予他"人民艺术家"的称号。

3.《雨的四季》的作者是刘湛秋，当代著名诗人、翻译家、评论家，曾被誉为"抒情诗之王"。

4.①《观沧海》由三国曹操所作，曹操，字孟德，三国时期政治家、军事家、诗人，他与其子曹丕、曹植合称"三曹"。这首诗的基调苍凉慷慨，被视为"建安风骨"的代表作。

②《闻王昌龄左迁龙标遥有此寄》作者李白，字太白，号青莲居士。唐朝诗人，有"诗仙"之称，是我国文学史上继屈原之后又一伟大的浪漫主义诗人。

③《次北固山下》选自《全唐诗》，作者王湾，唐代诗人。这首诗通过对江南残冬早春景象新鲜而又精致的描绘，表达出诗人无比热爱江南水乡和怀念家乡及亲人的思想感情。

④《天净沙·秋思》的作者是马致远，我国元代时著名戏曲作家。与关汉卿、郑光祖、白朴并称为"元曲四大家"。天净沙是曲牌名。

5.《秋天的怀念》选自《史铁生散文选》，作者是当代作家史铁生，代表作有散文《我与地坛》《合欢树》，小说《我的遥远的清平湾》《命若琴弦》。

6.《散步》的作者是当代作家莫怀戚。

7.①《金色花》的作者是印度作家泰戈尔，曾获诺贝尔文学奖，他的主要诗集有《飞鸟集》《新月集》《园丁集》《吉檀迦利》。

②《荷叶·母亲》的作者是现代诗人冰心，原名谢婉莹，代表作有诗集《繁星》《春水》，散文集《樱花赞》《寄小读者》。

8.《咏雪》《陈太丘与友期行》出自《世说新语》，是由南朝文学家刘义庆组织编写的，主要记载汉末至东晋士大夫的言谈、逸事，是六朝志人小说的代表作。

9.《从百草园到三味书屋》的作者是鲁迅，原名周树人，字豫才，浙江绍兴人，现代著名的文学家、思想家和革命家。1918年他首次用笔名"鲁迅"发表中国现代文学史上第一篇白话小说《狂人日记》，奠定了新文学运动的基石。代表作有小说集《呐喊》《彷徨》《故事新编》，散文集《朝花夕拾》，散文诗集《野草》及杂文集《坟》《且介亭杂文》。

10.《再塑生命的人》，作者是海伦·凯勒，美国女作家，教育家。幼时患病，两耳失聪，双目失明。主要作品有《我生活的故事》《走出黑暗》《中流——我以后的生活》和《假如给我三天光明》等，1964年被授予"总统自由勋章"。

11.《论语》，儒家经典著作之一，与《大学》《中庸》《孟子》并称为"四书"。《论语》由孔子的弟子编写，记录孔子及其弟子的言行。

孔子名丘，字仲尼，春秋时期鲁国人，是我国古代伟大的思想家、教育家、政治家，儒家学派创始人，整理《诗》《书》等古代文献，并把鲁国史官所记的《春秋》重新编修，使其成为我国第一部编年体历史著作。被后世统治者尊为至圣、万世师表，与孟子并称"孔孟"。

12.《纪念白求恩》的作者是毛泽东，字润之，他是伟大的无产阶级革命家、战略家、理论家，是中国共产党、中国人民解放军、中华人民共和国的主要缔造者和第一代领导人。

13.《植树的牧羊人》，作者让·乔诺，法国作家、电影编剧。

14.《走一步，再走一步》选自《心理学与成长》，作者莫顿·亨特，美国当代作家、心理学家。

15.《诫子书》的作者是诸葛亮，字孔明，号卧龙，三国时期蜀汉丞相，杰出的政治家、军事家，其散文代表作有《出师表》《诫子书》等。

16.《猫》的作者是郑振铎，中国现代杰出的爱国主义者和社会活动家、翻译家、作家、文学史家。

17.《动物笑谈》的作者是康拉德·劳伦兹，奥地利科普作家、动物行为学家，曾获诺贝尔生理学或医学奖，代表作有《所罗门王的指环》《狗的家世》。

18.《狼》选自《聊斋志异》，我国文言文短篇志怪小说中成就最高的作品集。作者是蒲松龄，字留仙，号柳泉居士，世称聊斋先生，清代著名文学家。

19.《皇帝的新装》，选自《安徒生童话和故事选》，作者安徒生，丹麦著名童话作家，1835年开始写童话，共写了一百六十余篇，代表作有《海的女儿》《卖火柴的小女孩》《皇帝的新装》《丑小鸭》《夜莺》《拇指姑娘》等。

20.《天上的街市》，作者郭沫若，原名郭开贞，字鼎堂，号尚武。现代著名作家、诗人、历史学家、古文字学家。代表作有诗集《女神》《星空》，历史剧《屈原》《虎符》《棠棣之花》等。中国新诗奠基人，是继鲁迅之后公认的文化领袖。

21.《女娲造人》，作者袁珂，本名袁圣时，笔名丙生、高标、袁展等，神话学家，主要作品有《中国古代神话》《山海经校注》《中国神话传说词典》等。

22.①《伊索寓言》，相传伊索是约公元前6世纪的古希腊作家，他善讲寓言，并以此来讽刺权贵，最后遭到杀害。所编寓言经后人以散文或诗歌的形式加工结集，形成流传后世的《伊索寓言》。

寓言：以劝谕或讽刺性的故事为内容的文学样式，最突出的特点是用比喻性的故事寄寓意味深长的道理。寓言篇幅短小，在创造上常常运用夸张和拟人等手法。主人公可以是人，也可以是拟人化的动植物等。

②《穿井得一人》节选自《吕氏春秋》，先秦杂家代表著作，由战国末秦相吕不韦集合门客共同编写而成。

③《杞人忧天》的作者是列子，本名列御寇，战国时期道家学派的杰出代表人物。

23.我国四大名著的书名、作者、主要人物以及主要人物相关事件：

①《三国演义》，作者罗贯中，元末明初人。主要人物有：刘备、曹操、孙权、诸葛亮等。其主要讲述魏、蜀、吴三国鼎立的形成及兴衰的过程。

②《水浒传》，作者施耐庵，元末明初人。主要人物有：宋江、吴用、林冲、武松、鲁智深等。其讲的是宋朝腐败，官逼民反，宋江等好汉在梁山聚众起义，从兴起到兴盛再到失败的全过程。

③《西游记》，作者吴承恩，明代人。主要人物有：唐僧、孙悟空、猪八戒、沙僧。其主要讲述他们经过九九八十一难，历尽千辛万苦，扫尽沿途妖魔鬼怪，最终取回真经的故事。

④《红楼梦》，作者曹雪芹，清代人，主要人物有：贾宝玉、林黛玉、薛宝钗等。其重点描述了贾黛两人悲剧的爱情，以及贾王史薛四个家族由盛转衰的过程，反映了封建社会晚期的社会现实。

24. 课外古诗词诵读

①《峨眉山月歌》，作者李白，唐代诗人。

②《江南逢李龟年》，作者杜甫，唐代诗人。

③《行军九日思长安故园》，作者岑参，唐代诗人。

④《夜上受降城闻笛》，作者李益，唐代诗人，

⑤《秋词》(其一)，作者刘禹锡，唐代文学家。

⑥《夜雨寄北》，作者李商隐，唐代诗人，和杜牧合称"小李杜"。

⑦《十一月四日风雨大作》(其二)，作者陆游，南宋诗人。

⑧《潼关》，作者谭嗣同，清末维新派代表人物之一，戊戌变法"六君子"之一。

七年级上册 必背文言文思维导图

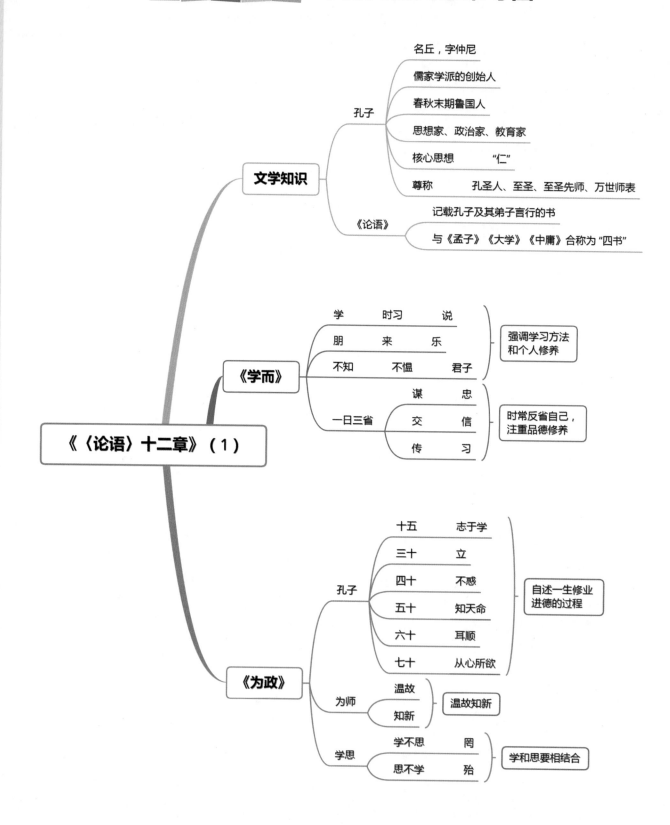

文学知识

孔子
- 名丘，字仲尼
- 儒家学派的创始人
- 春秋末期鲁国人
- 思想家、政治家、教育家
- 核心思想 "仁"
- 尊称 孔圣人、至圣、至圣先师、万世师表

《论语》
- 记载孔子及其弟子言行的书
- 与《孟子》《大学》《中庸》合称为"四书"

《〈论语〉十二章》（1）

《学而》
- 学 时习 说
- 朋 来 乐
- 不知 不愠 君子 ——强调学习方法和个人修养
- 一日三省
  - 谋 忠
  - 交 信
  - 传 习
  ——时常反省自己，注重品德修养

《为政》
- 孔子
  - 十五 志于学
  - 三十 立
  - 四十 不惑
  - 五十 知天命
  - 六十 耳顺
  - 七十 从心所欲
  ——自述一生修业进德的过程
- 为师
  - 温故
  - 知新
  ——温故知新
- 学思
  - 学不思 罔
  - 思不学 殆
  ——学和思要相结合

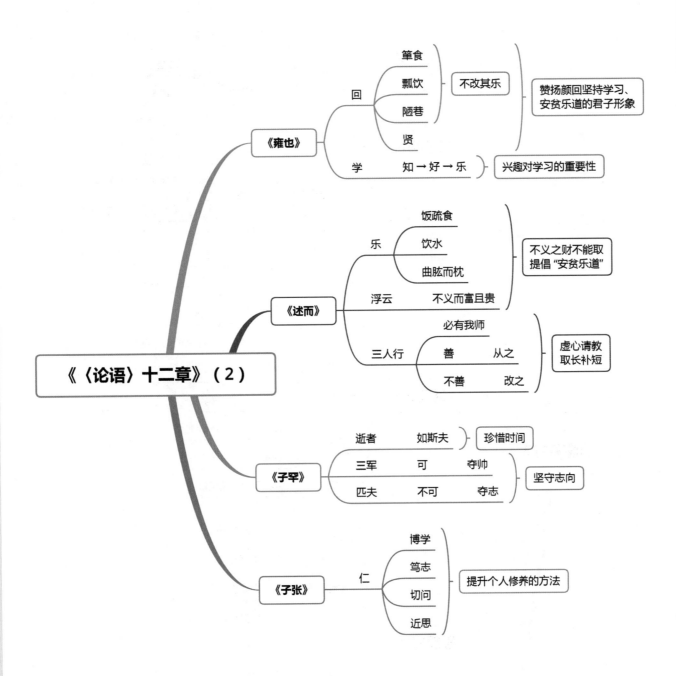

《〈论语〉十二章》（2）

《雍也》
回
箪食
瓢饮
陋巷
贤
不改其乐
赞扬颜回坚持学习、安贫乐道的君子形象
学　知 → 好 → 乐
兴趣对学习的重要性

《述而》
乐
饭疏食
饮水
曲肱而枕
浮云　不义而富且贵
不义之财不能取 提倡"安贫乐道"
三人行
必有我师
善　从之
不善　改之
虚心请教 取长补短

《子罕》
逝者　如斯夫
珍惜时间
三军　可　夺帅
匹夫　不可　夺志
坚守志向

《子张》
仁
博学
笃志
切问
近思
提升个人修养的方法

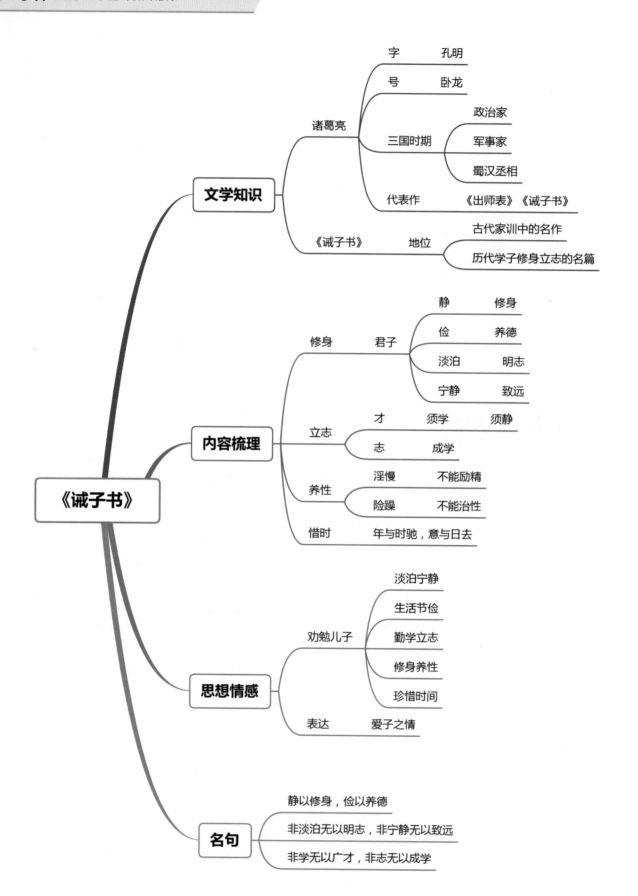

七年级上册 作文思维导图

一、 热爱生活，热爱写作

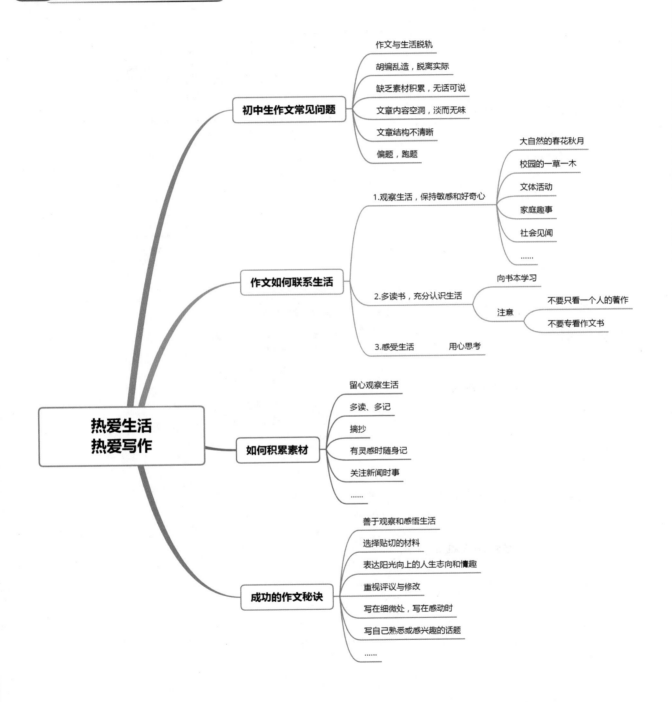

- 初中生作文常见问题
  - 作文与生活脱轨
  - 胡编乱造，脱离实际
  - 缺乏素材积累，无话可说
  - 文章内容空洞，淡而无味
  - 文章结构不清晰
  - 偏题，跑题

- 作文如何联系生活
  - 1.观察生活，保持敏感和好奇心
    - 大自然的春花秋月
    - 校园的一草一木
    - 文体活动
    - 家庭趣事
    - 社会见闻
    - ......
  - 2.多读书，充分认识生活
    - 向书本学习
    - 注意
      - 不要只看一个人的著作
      - 不要专看作文书
  - 3.感受生活   用心思考

热爱生活
热爱写作

- 如何积累素材
  - 留心观察生活
  - 多读、多记
  - 摘抄
  - 有灵感时随身记
  - 关注新闻时事
  - ......

- 成功的作文秘诀
  - 善于观察和感悟生活
  - 选择贴切的材料
  - 表达阳光向上的人生志向和情趣
  - 重视评议与修改
  - 写在细微处，写在感动时
  - 写自己熟悉或感兴趣的话题
  - ......

二、学会记事

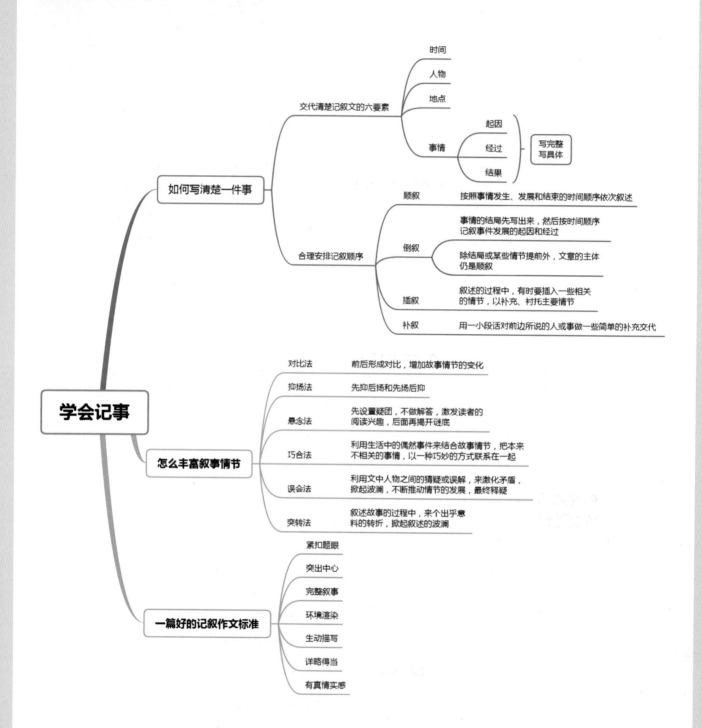

三、 写人要抓住特点

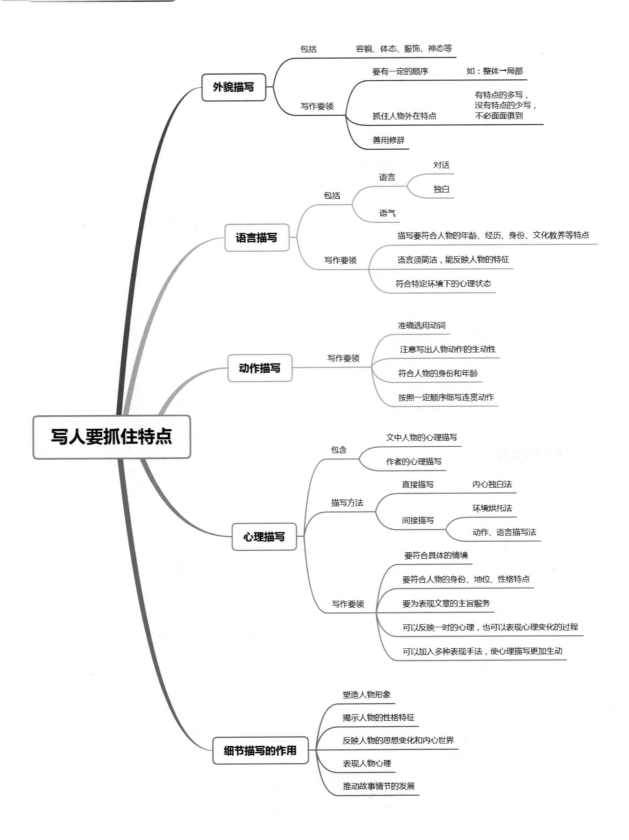

写人要抓住特点

外貌描写
- 包括 —— 容貌、体态、服饰、神态等
- 写作要领
  - 要有一定的顺序 —— 如：整体→局部
  - 抓住人物外在特点 —— 有特点的多写，没有特点的少写，不必面面俱到
  - 善用修辞

语言描写
- 包括
  - 语言
    - 对话
    - 独白
  - 语气
- 写作要领
  - 描写要符合人物的年龄、经历、身份、文化教养等特点
  - 语言须简洁，能反映人物的特征
  - 符合特定环境下的心理状态

动作描写
- 写作要领
  - 准确选用动词
  - 注意写出人物动作的生动性
  - 符合人物的身份和年龄
  - 按照一定顺序细写连贯动作

心理描写
- 包含
  - 文中人物的心理描写
  - 作者的心理描写
- 描写方法
  - 直接描写 —— 内心独白法
  - 间接描写
    - 环境烘托法
    - 动作、语言描写法
- 写作要领
  - 要符合具体的情境
  - 要符合人物的身份、地位、性格特点
  - 要为表现文章的主旨服务
  - 可以反映一时的心理，也可以表现心理变化的过程
  - 可以加入多种表现手法，使心理描写更加生动

细节描写的作用
- 塑造人物形象
- 揭示人物的性格特征
- 反映人物的思想变化和内心世界
- 表现人物心理
- 推动故事情节的发展

四、思路要清晰

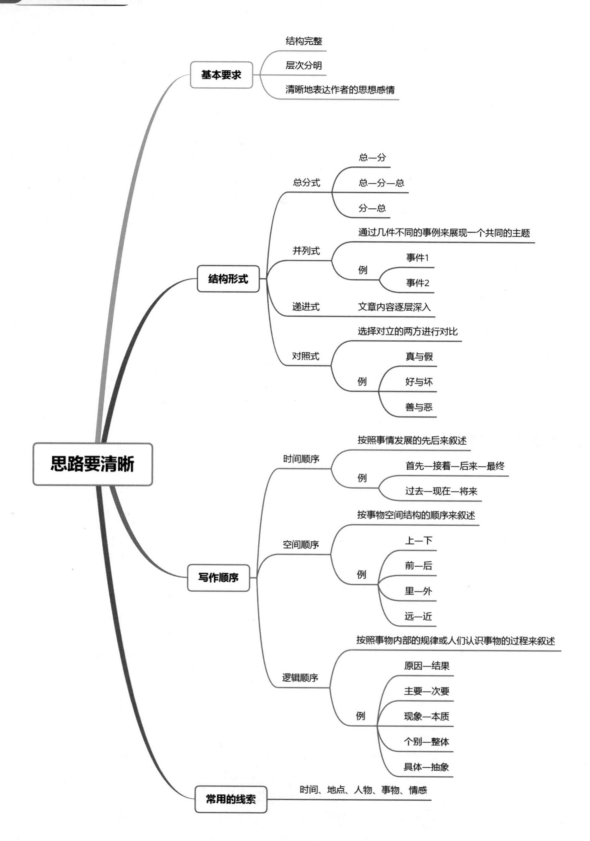

五、如何突出中心

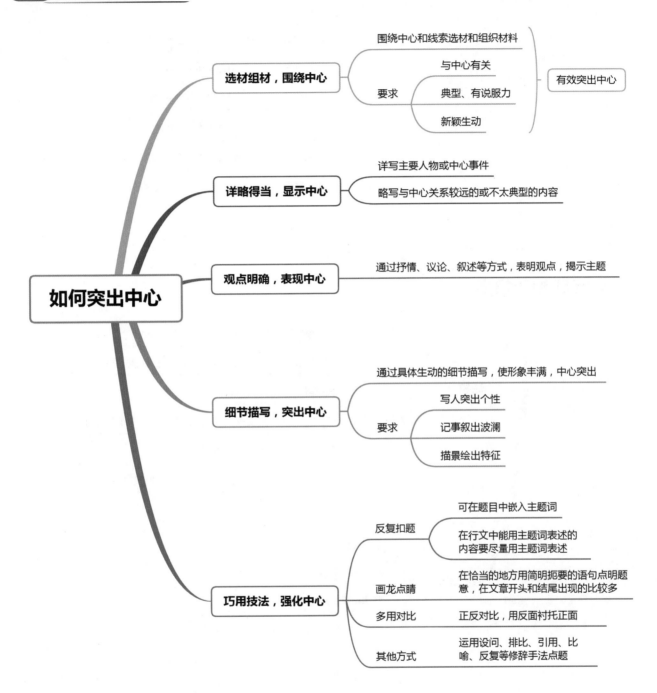

如何突出中心

- **选材组材，围绕中心**
  - 围绕中心和线索选材和组织材料
  - 要求
    - 与中心有关
    - 典型、有说服力 ⎫ 有效突出中心
    - 新颖生动

- **详略得当，显示中心**
  - 详写主要人物或中心事件
  - 略写与中心关系较远的或不太典型的内容

- **观点明确，表现中心**
  - 通过抒情、议论、叙述等方式，表明观点，揭示主题

- **细节描写，突出中心**
  - 通过具体生动的细节描写，使形象丰满，中心突出
  - 要求
    - 写人突出个性
    - 记事叙出波澜
    - 描景绘出特征

- **巧用技法，强化中心**
  - 反复扣题
    - 可在题目中嵌入主题词
    - 在行文中能用主题词表述的内容要尽量用主题词表述
  - 画龙点睛：在恰当的地方用简明扼要的语句点明题意，在文章开头和结尾出现的比较多
  - 多用对比：正反对比，用反面衬托正面
  - 其他方式：运用设问、排比、引用、比喻、反复等修辞手法点题

六、 发挥联想和想象

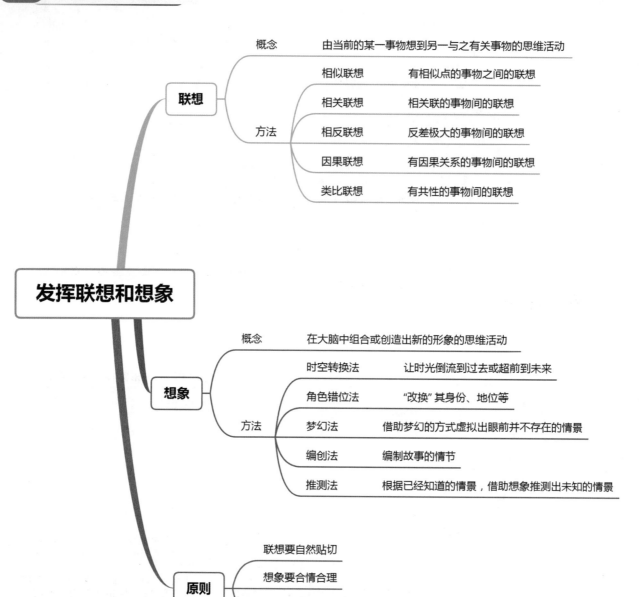

联想

概念　由当前的某一事物想到另一与之有关事物的思维活动

相似联想　有相似点的事物之间的联想

相关联想　相关联的事物间的联想

方法

相反联想　反差极大的事物间的联想

因果联想　有因果关系的事物间的联想

类比联想　有共性的事物间的联想

发挥联想和想象

想象

概念　在大脑中组合或创造出新的形象的思维活动

时空转换法　让时光倒流到过去或超前到未来

角色错位法　"改换"其身份、地位等

方法

梦幻法　借助梦幻的方式虚拟出眼前并不存在的情景

编创法　编制故事的情节

推测法　根据已经知道的情景，借助想象推测出未知的情景

原则

联想要自然贴切

想象要合情合理

联想和想象要富有新意

七年级上册 课文单元总结思维导图

第一单元

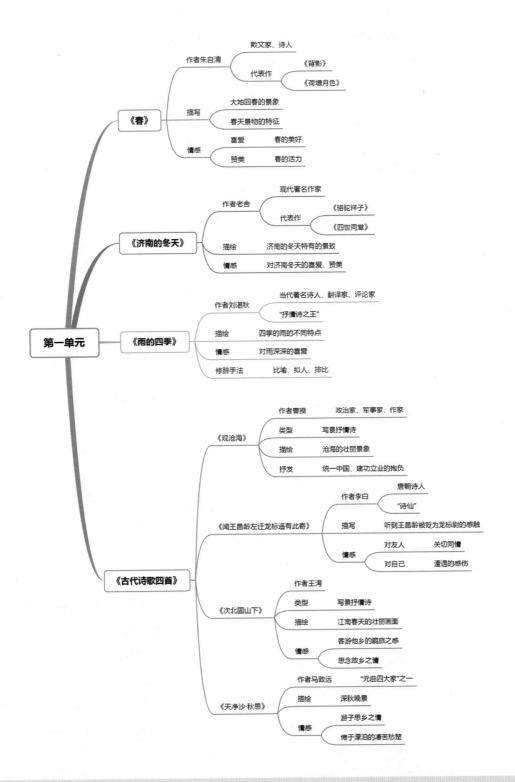

第一单元

《春》
- 作者朱自清
  - 散文家、诗人
  - 代表作
    - 《背影》
    - 《荷塘月色》
- 描写
  - 大地回春的景象
  - 春天景物的特征
- 情感
  - 喜爱　春的美好
  - 赞美　春的活力

《济南的冬天》
- 作者老舍
  - 现代著名作家
  - 代表作
    - 《骆驼祥子》
    - 《四世同堂》
- 描绘　济南的冬天特有的景致
- 情感　对济南冬天的喜爱、赞美

《雨的四季》
- 作者刘湛秋
  - 当代著名诗人、翻译家、评论家
  - "抒情诗之王"
- 描绘　四季的雨的不同特点
- 情感　对雨深深的喜爱
- 修辞手法　比喻、拟人、排比

《古代诗歌四首》
- 《观沧海》
  - 作者曹操　政治家、军事家、作家
  - 类型　写景抒情诗
  - 描绘　沧海的壮丽景象
  - 抒发　统一中国、建功立业的抱负
- 《闻王昌龄左迁龙标遥有此寄》
  - 作者李白
    - 唐朝诗人
    - "诗仙"
  - 描写　听到王昌龄被贬为龙标尉的感触
  - 情感
    - 对友人　关切同情
    - 对自己　遭遇的感伤
- 《次北固山下》
  - 作者王湾
  - 类型　写景抒情诗
  - 描绘　江南春天的壮丽画面
  - 情感
    - 客游他乡的羁旅之感
    - 思念故乡之情
- 《天净沙·秋思》
  - 作者马致远　"元曲四大家"之一
  - 描绘　深秋晚景
  - 情感
    - 游子思乡之情
    - 倦于漂泊的凄苦愁楚

第二单元

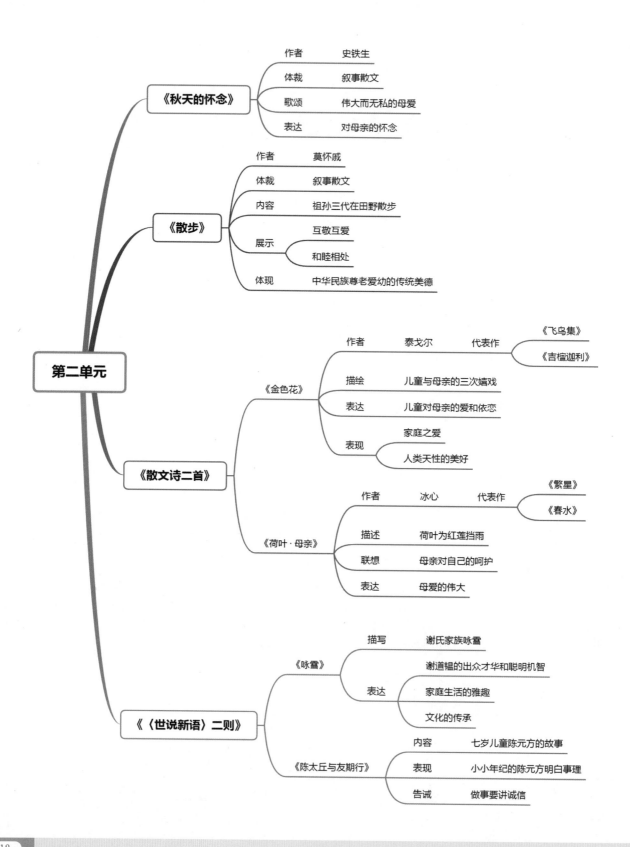

第三单元

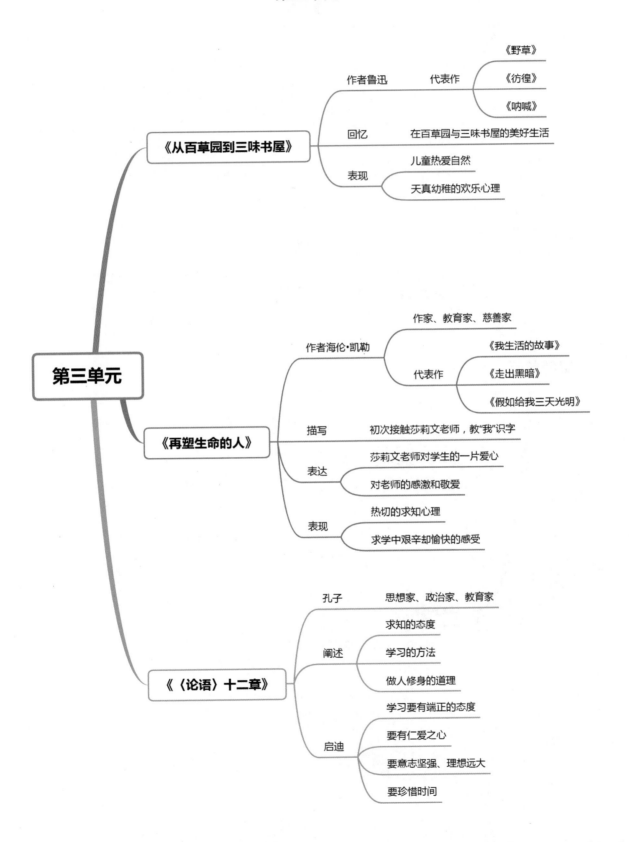

第三单元

《从百草园到三味书屋》
- 作者鲁迅 —— 代表作
  - 《野草》
  - 《彷徨》
  - 《呐喊》
- 回忆 —— 在百草园与三味书屋的美好生活
- 表现
  - 儿童热爱自然
  - 天真幼稚的欢乐心理

《再塑生命的人》
- 作者海伦·凯勒
  - 作家、教育家、慈善家
  - 代表作
    - 《我生活的故事》
    - 《走出黑暗》
    - 《假如给我三天光明》
- 描写 —— 初次接触莎莉文老师，教"我"识字
- 表达
  - 莎莉文老师对学生的一片爱心
  - 对老师的感激和敬爱
- 表现
  - 热切的求知心理
  - 求学中艰辛却愉快的感受

《〈论语〉十二章》
- 孔子 —— 思想家、政治家、教育家
- 阐述
  - 求知的态度
  - 学习的方法
  - 做人修身的道理
- 启迪
  - 学习要有端正的态度
  - 要有仁爱之心
  - 要意志坚强、理想远大
  - 要珍惜时间

第四单元

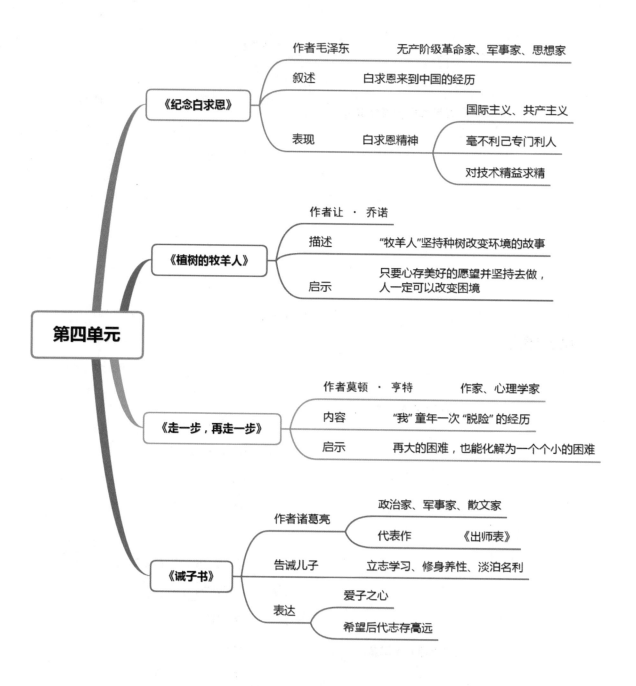

第四单元

《纪念白求恩》
- 作者毛泽东 —— 无产阶级革命家、军事家、思想家
- 叙述 —— 白求恩来到中国的经历
- 表现 —— 白求恩精神
  - 国际主义、共产主义
  - 毫不利己专门利人
  - 对技术精益求精

《植树的牧羊人》
- 作者让·乔诺
- 描述 —— "牧羊人"坚持种树改变环境的故事
- 启示 —— 只要心存美好的愿望并坚持去做，人一定可以改变困境

《走一步，再走一步》
- 作者莫顿·亨特 —— 作家、心理学家
- 内容 —— "我"童年一次"脱险"的经历
- 启示 —— 再大的困难，也能化解为一个个小的困难

《诫子书》
- 作者诸葛亮
  - 政治家、军事家、散文家
  - 代表作 —— 《出师表》
- 告诫儿子 —— 立志学习、修身养性、淡泊名利
- 表达
  - 爱子之心
  - 希望后代志存高远

第五单元

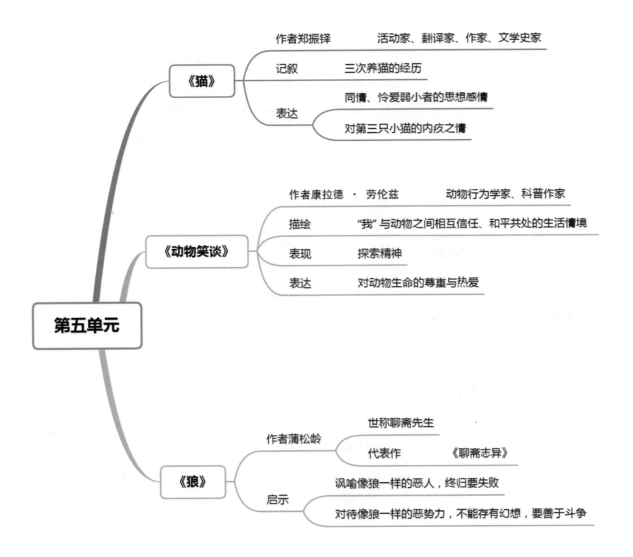

《猫》
　作者郑振铎　　活动家、翻译家、作家、文学史家
　记叙　　三次养猫的经历
　表达　　同情、怜爱弱小者的思想感情
　　　　　对第三只小猫的内疚之情

《动物笑谈》
　作者康拉德 · 劳伦兹　　动物行为学家、科普作家
　描绘　　"我"与动物之间相互信任、和平共处的生活情境
　表现　　探索精神
　表达　　对动物生命的尊重与热爱

第五单元

《狼》
　作者蒲松龄　　世称聊斋先生
　　　　　　　　代表作　　《聊斋志异》
　启示　　讽喻像狼一样的恶人，终归要失败
　　　　　对待像狼一样的恶势力，不能存有幻想，要善于斗争

第六单元

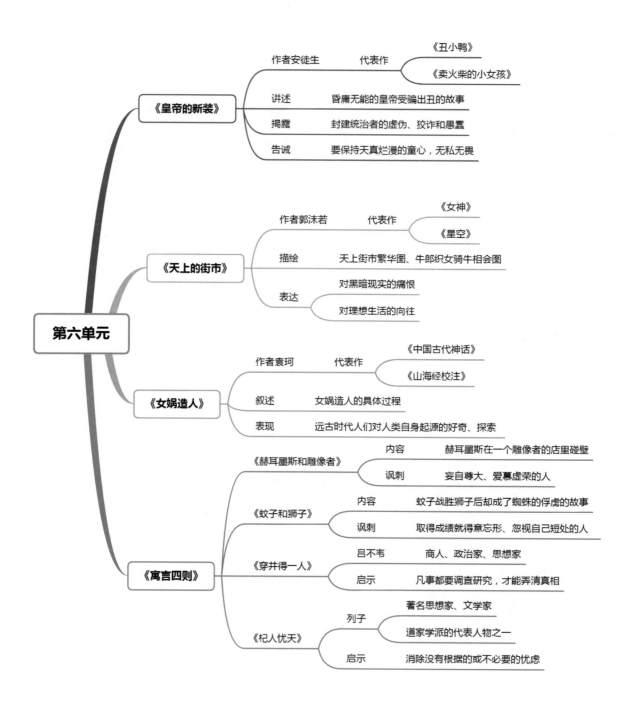

第六单元

《皇帝的新装》
- 作者安徒生 —— 代表作 ——《丑小鸭》《卖火柴的小女孩》
- 讲述 昏庸无能的皇帝受骗出丑的故事
- 揭露 封建统治者的虚伪、狡诈和愚蠢
- 告诫 要保持天真烂漫的童心，无私无畏

《天上的街市》
- 作者郭沫若 —— 代表作 ——《女神》《星空》
- 描绘 天上街市繁华图、牛郎织女骑牛相会图
- 表达 对黑暗现实的痛恨 对理想生活的向往

《女娲造人》
- 作者袁珂 —— 代表作 ——《中国古代神话》《山海经校注》
- 叙述 女娲造人的具体过程
- 表现 远古时代人们对人类自身起源的好奇、探索

《寓言四则》
- 《赫耳墨斯和雕像者》
  - 内容 赫耳墨斯在一个雕像者的店里碰壁
  - 讽刺 妄自尊大、爱慕虚荣的人
- 《蚊子和狮子》
  - 内容 蚊子战胜狮子后却成了蜘蛛的俘虏的故事
  - 讽刺 取得成绩就得意忘形、忽视自己短处的人
- 《穿井得一人》
  - 吕不韦 商人、政治家、思想家
  - 启示 凡事都要调查研究，才能弄清真相
- 《杞人忧天》
  - 列子 著名思想家、文学家 道家学派的代表人物之一
  - 启示 消除没有根据的或不必要的忧虑

七年级下册 古诗词理解性默写

1.木兰诗

(1) 诗中用夸张手法表现木兰急迫地奔赴战场，一路跨越雄关险隘的句子是"万里赴戎机，关山度若飞"。

(2) 诗中写战场环境艰苦，寒气凛冽、月光映甲的句子是"朔气传金柝，寒光照铁衣"。

(3) 诗中运用互文手法表现战斗激烈悲壮、战争旷日持久的诗句是"将军百战死，壮士十年归"。

(4) 诗中"雄兔脚扑朔，雌兔眼迷离；双兔傍地走，安能辨我是雄雌？"巧妙地解答了木兰从军多年未被发现是女子的奥秘。

2.竹里馆 王维

独坐幽篁里，弹琴复长啸。

深林人不知，明月来相照。

诗中"深林人不知，明月来相照"运用拟人手法，把明月当成心心相印的知己，显示出诗人新颖而独到的想象力。

3.春夜洛城闻笛 李白

谁家玉笛暗飞声，散入春风满洛城。

此夜曲中闻折柳，何人不起故园情。

诗中抒发诗人思念故乡和亲人之情的诗句是"此夜曲中闻折柳，何人不起故园情"。

4.逢入京使 岑参

故园东望路漫漫，双袖龙钟泪不干。

马上相逢无纸笔，凭君传语报平安。

诗人用夸张手法和朴实的语言，表现自己思乡情态的句子是"故园东望路漫漫，双袖龙钟泪不干"。

5.晚春 韩愈

草树知春不久归，百般红紫斗芳菲。

杨花榆荚无才思，惟解漫天作雪飞。

韩愈在这首诗中用拟人化的手法描绘晚春繁丽景色的句子是"草树知春不久归，百般红紫斗芳菲"。

★6. 登幽州台歌　陈子昂

前不见古人，后不见来者。

念天地之悠悠，独怆然而涕下！

(1) 诗人纵观古往今来，放眼历史的长河，感叹人生短促的句子是<u>"前不见古人，后不见来者"</u>。
(2) 诗中借天地苍茫，表现诗人生不逢时的孤独和伤感的句子是<u>"念天地之悠悠，独怆然而涕下！"</u>。

★7. 望岳　杜甫

岱宗夫如何？齐鲁青未了。造化钟神秀，阴阳割昏晓。

荡胸生曾云，决眦入归鸟。会当凌绝顶，一览众山小。

(1) 诗中描写泰山神奇秀丽和巍峨高大的句子是<u>"造化钟神秀，阴阳割昏晓"</u>。
(2) <u>"荡胸生曾云，决眦入归鸟"</u>由静景转为动景，表现出诗人对大好河山的热爱之情。
(3) 表达了诗人要攀登绝顶、俯视万物的雄心壮志的句子<u>"会当凌绝顶，一览众山小"</u>。
(4) 王安石的<u>"不畏浮云遮望眼，自缘身在最高层"</u>与《望岳》中<u>"会当凌绝顶，一览众山小"</u>有异曲同工之妙。

★8. 登飞来峰　王安石

飞来山上千寻塔，闻说鸡鸣见日升。

不畏浮云遮望眼，自缘身在最高层。

(1) 诗中描写飞来峰位置高、地势险的诗句是<u>"飞来山上千寻塔，闻说鸡鸣见日升"</u>。
(2) <u>"不畏浮云遮望眼，自缘身在最高层"</u>，人只有站得高，才能看得远，才不会被眼前的事物所蒙蔽而迷失了正确的方向。

★9. 游山西村　陆游

莫笑农家腊酒浑，丰年留客足鸡豚。山重水复疑无路，柳暗花明又一村。

箫鼓追随春社近，衣冠简朴古风存。从今若许闲乘月，拄杖无时夜叩门。

(1) 诗中表现出村民热情好客的诗句是<u>"莫笑农家腊酒浑，丰年留客足鸡豚"</u>。
(2) 陆游用<u>"山重水复疑无路，柳暗花明又一村"</u>来启示我们，当人生遭遇困境时，不必悲观，凡事总会有云开雾散的时候。
(3) 诗中表现村中热闹景象、淳朴民风的语句是<u>"箫鼓追随春社近，衣冠简朴古风存"</u>。

★10. 己亥杂诗(其五)　龚自珍

浩荡离愁白日斜，吟鞭东指即天涯。

落红不是无情物，化作春泥更护花。

(1) <u>"浩荡离愁白日斜，吟鞭东指即天涯"</u>，写出了诗人辞官之后的离愁别绪，表现出诗人的豪放洒脱。
(2) 表现诗人虽然脱离官场，依旧希望为国家继续贡献绵薄之力的句子是<u>"落红不是无情物，化作春泥更护花"</u>。

★11. 泊秦淮 杜牧

烟笼寒水月笼沙，夜泊秦淮近酒家。

商女不知亡国恨，隔江犹唱后庭花。

(1) 诗中描写秦淮河迷离朦胧的夜间景象的诗句是"烟笼寒水月笼沙，夜泊秦淮近酒家"。

(2) "商女不知亡国恨，隔江犹唱后庭花"形象地讽刺了晚唐统治者醉生梦死、荒淫误国，表明了对国家命运的担忧。

12. 贾生 李商隐

宣室求贤访逐臣，贾生才调更无伦。

可怜夜半虚前席，不问苍生问鬼神。

"可怜夜半虚前席，不问苍生问鬼神"这两句诗，李商隐借用历史典故讽刺统治者不顾国计民生，不能知人善用。

13. 过松源晨炊漆公店（其五） 杨万里

莫言下岭便无难，赚得行人错喜欢。

政入万山围子里，一山放出一山拦。

诗中"政入万山围子里，一山放出一山拦"启示我们，人们无论做什么事，都不要盲目乐观，要正视人生路上的一个又一个难题。

14. 约客 赵师秀

黄梅时节家家雨，青草池塘处处蛙。

有约不来过夜半，闲敲棋子落灯花。

(1) 诗中用"黄梅时节家家雨，青草池塘处处蛙"描写出了江南雨季的美丽景象。

(2) "有约不来过夜半，闲敲棋子落灯花"两句诗生动地描写了诗人约的客人迟迟不来，诗人深夜独坐，寂静无聊的情景，表现了诗人落寞失望的心情。

七年级下册 文言文理解性默写

1. ★《陋室铭》

(1) 人以德立身，《陋室铭》中作者用"斯是陋室，惟吾德馨"来表明只要品德高尚，不管身处于何种环境中，都可以高洁雅致。

(2) 文中描写陋室环境的句子是"苔痕上阶绿，草色入帘青"。

(3) 文中用"谈笑有鸿儒，往来无白丁"，表明刘禹锡平常交往的都是文人雅士，侧面表现"陋室不陋"。

(4) 文中，刘禹锡写出了自己在陋室中"可以调素琴，阅金经"之后，又以"无丝竹之乱耳，无案牍之劳形"两句抒发了自己淡雅闲适、安贫乐道的情趣。

(5) 山水的平凡因仙龙而生灵秀，文中用"山不在高，有仙则名。水不在深，有龙则灵"来说明，决定事物真正价值的不是表面，而是那些具有核心价值的事物。

2. ★《爱莲说》

(1) 花有德，人有品。人们常用《爱莲说》里的"出淤泥而不染，濯清涟而不妖"来赞美人们洁身自好、不同流合污的美好品德。

(2) 中国历史上有很多人，志行高洁，清廉正直，令人敬重又不敢亵渎，让人不禁想起《爱莲说》中的"亭亭净植，可远观而不可亵玩焉"。

3.《活板》

(1) 说明活版印刷发明前我国印刷发展的历史的句子是"板印书籍，唐人尚未盛为之。五代时始印五经，已后典籍皆为板本"。

(2) 交代活版发明的时间和发明人的句子是"庆历中，有布衣毕昇，又为活板"。

七年级下册 文学常识梳理

1.《邓稼先》是一篇传记，作者杨振宁，世界著名物理学家，诺贝尔物理学奖获得者。邓稼先，被誉为"两弹元勋"。

传记，是一种常见的文学形式，主要记述人物的生平事迹。传记一般不虚构，纪实性是传记的最基本要求。

2.《说和做——记闻一多先生言行片段》，作者臧克家，现代诗人、散文家，因其代表作《老马》广泛流传，被誉为"农民诗人"。

闻一多，现代诗人、学者、民主战士。

3.《回忆鲁迅先生》(节选) 选自《萧红全集》，作者萧红，中国现代女作家，原名张迺莹，代表作有小说《生死场》《呼兰河传》等。

4.《孙权劝学》选自《资治通鉴》，是北宋司马光主持编纂的一部编年体通史，记载了从战国到五代之间的史事。宋神宗认为此书"鉴于往事，有资于治道"，所以定名为《资治通鉴》。

司马光，北宋，政治家、文学家、史学家。

5.《黄河颂》的作者是光未然。现代作家、诗人、文学评论家，1939年3月，创作组诗《黄河大合唱》，经冼星海谱曲后风行全国。

6.《老山界》，作者陆定一，中国无产阶级革命家，先后担任过《解放日报》总编辑、中共中央宣传部部长、全国政协副主席等职务，代表作品有《中国工农红军第一方面军长征记》。

7.《谁是最可爱的人》，作者魏巍，当代诗人、作家。1950年年底，奔赴朝鲜前线。回国后发表了一批文艺通讯，其中《谁是最可爱的人》在全国引起了广泛影响。1983年获首届茅盾文学奖。

8.《土地的誓言》，作者端木蕻良，代表作有小说《科尔沁旗草原》等。

9.《木兰诗》选自北宋郭茂倩编的《乐府诗集》，与《孔雀东南飞》并称为我国诗歌史上的"乐府双璧"，是北朝乐府民歌的代表作。

乐府：汉朝的音乐机构，其职责为训练乐工，制谱度曲，采集民间歌谣等。后人将乐府中收集编录的诗称为"乐府诗"，简称"乐府"。

10.《阿长与〈山海经〉》选自散文集《朝花夕拾》，作者鲁迅。

11.《老王》选自《杨绛散文》，作者杨绛，原名杨季康，作家、翻译家，代表作有散文《干校六记》，剧本《称心如意》，小说《洗澡》，译作《堂吉诃德》等。

12. 《台阶》，作者是<u>李森祥</u>，代表作有小说<u>《小学老师》《抒情年代》《传世之鼓》</u>等，其小说以农村、军营生活为主要题材，塑造出一系列生动质朴的普通人形象。

13. 《卖油翁》选自《归田录》，作者是<u>欧阳修</u>，字永叔，号醉翁，晚号<u>六一居士</u>，北宋著名的政治家、文学家，"唐宋八大家"之一，代表作品有《醉翁亭记》《伶官传序》《六一诗话》。

14. 《叶圣陶先生二三事》的作者是<u>张中行</u>，曾参加编写《汉语课本》《古代散文选》等。
<u>叶圣陶</u>，原名叶绍钧，代表作品有长篇小说<u>《倪焕之》</u>，童话集<u>《稻草人》</u>。
叶圣陶和张中行先生，都是我国著名的语文学家。二人相交多年，亦师亦友，感情深厚。

15. 《驿路梨花》的作者是<u>彭荆风</u>。著有小说<u>《绿月亮》</u>，传记文学<u>《秦基伟将军》</u>。

16. 《最苦与最乐》，作者<u>梁启超</u>，字卓如，号任公，别号饮冰室主人，中国近代著名学者，资产阶级改良主义者，戊戌变法领袖之一，著作大多收入《饮冰室合集》。

17. ①《陋室铭》，作者<u>刘禹锡</u>，字梦得，<u>唐代</u>文学家、诗人、哲学家，和柳宗元交谊甚厚，世称"刘柳"，代表诗作有《秋词》《浪淘沙》等。
铭，古代刻在器物上用来警诫自己或称颂功德的文字，后来成为一种文体。
②《爱莲说》选自《周敦颐集》，作者<u>周敦颐</u>，字茂叔，<u>北宋</u>哲学家，是学术界公认的<u>理学派开山鼻祖</u>。著有<u>《太极图说》《通书》</u>等。

18. 《紫藤萝瀑布》选自《铁箫人语》，作者<u>宗璞</u>，原名冯钟璞，<u>当代女作家</u>。

19. 《一棵小桃树》选自《平凹散文》，作者<u>贾平凹</u>，是当代文坛屈指可数的文学奇才，被誉为<u>"鬼才"</u>。

20. ①《假如生活欺骗了你》，作者<u>普希金</u>，<u>俄国</u>著名诗人、小说家，史称<u>"俄罗斯文学之父"</u>和<u>"俄罗斯诗歌的太阳"</u>，代表诗作有<u>《自由颂》《致恰达耶夫》《致大海》</u>等，他的创作对俄国文学和语言的发展影响很大。
②《未选择的路》的作者是<u>弗罗斯特</u>，<u>美国</u>诗人，是20世纪最受欢迎的美国诗人之一，被称为<u>"美国文学中的桂冠诗人"</u>。

21. ①《登幽州台歌》，作者<u>陈子昂</u>，<u>唐代</u>文学家，是<u>唐诗革新</u>的先驱者，代表作品有《登泽州城北楼宴》和组诗《感遇诗三十八首》。
②《望岳》，作者<u>杜甫</u>，字子美，自号少陵野老，世称<u>"杜工部""杜拾遗""杜少陵"</u>等。<u>唐代</u>伟大的<u>现实主义</u>诗人，与李白合称"李杜"，被后人尊为"诗圣"，他的诗被称为"诗史"，代表作有"三吏""三别"等。
③《登飞来峰》，作者<u>王安石</u>，字介甫，号半山，北宋政治家、文学家、思想家，<u>唐宋八大家之一</u>。
④《游山西村》选自《剑南诗稿校注》，作者<u>陆游</u>，字务观，号放翁，<u>南宋</u>著名爱国诗人、文学家、史学家，代表作有《剑南诗稿》《放翁逸稿》等。
⑤《己亥杂诗》（其五），作者<u>龚自珍</u>，<u>清代思想家、文学家</u>，是<u>近代启蒙思想的先驱</u>。后人整理其诗编成<u>《龚自珍全集》</u>。

22. 《伟大的悲剧》，作者<u>茨威格</u>，<u>奥地利</u>作家，代表作有小说<u>《象棋的故事》</u>，传记<u>《三大师》</u>。

23. 《太空一日》选自<u>《天地九重》</u>，作者<u>杨利伟</u>是我国首个载人飞船<u>"神舟五号"</u>的宇航员。

24. 《带上她的眼睛》，作者<u>刘慈欣</u>，中国新生代科幻小说代表作家之一，代表作有长篇小说<u>《超新星纪元》《球状闪电》《三体》</u>三部曲等。其中《三体》三部曲被普遍认为是中国科幻文学的里程碑之作，将中国科幻推上了世界的高度。

25. 《活板》出自《梦溪笔谈》，作者<u>沈括</u>，<u>北宋</u>科学家、政治家，代表作<u>《梦溪笔谈》</u>。
活板又叫<u>活字印刷术</u>，中国四大发明之一，北宋年间，<u>毕昇</u>发明。

26. 课外古诗词诵读
①《竹里馆》，作者<u>王维</u>，<u>唐代</u>诗人。
②《春夜洛城闻笛》，作者<u>李白</u>，<u>唐代</u>诗人。

③《逢入京使》，作者岑参，唐代诗人。

④《晚春》，作者韩愈，唐代文学家。

⑤《泊秦淮》，作者杜牧，唐代文学家，与李商隐并称为"小李杜"。

⑥《贾生》，作者李商隐，唐代诗人。

⑦《过松源晨炊漆公店》(其五)，作者杨万里，南宋诗人。

⑧《约客》，作者赵师秀，南宋诗人。

七年级下册 必背文言文思维导图

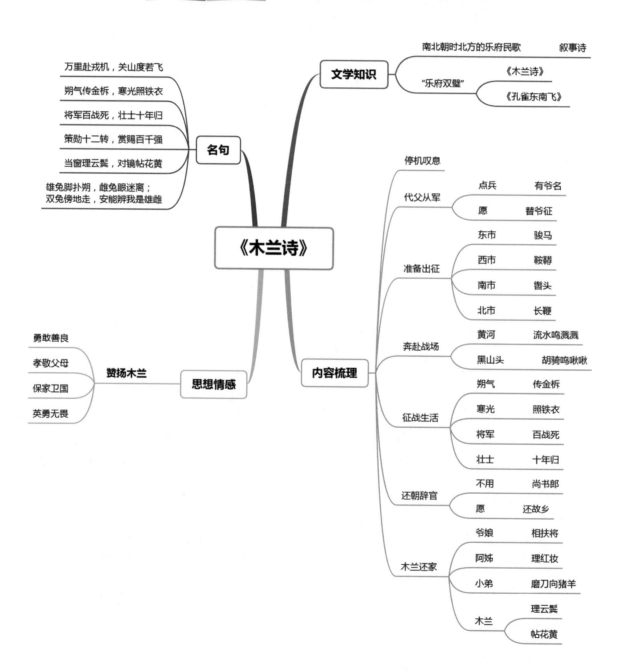

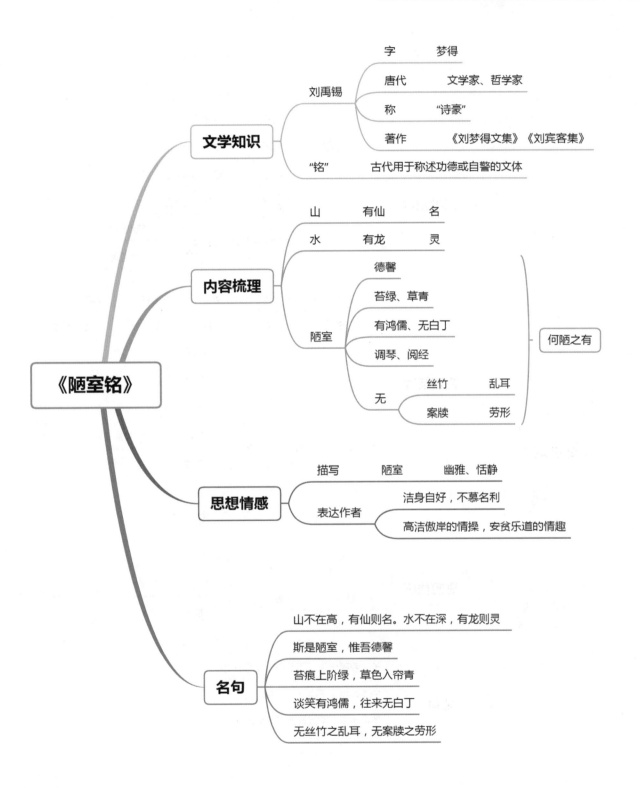

《陋室铭》

文学知识
- 刘禹锡
  - 字　梦得
  - 唐代　文学家、哲学家
  - 称　"诗豪"
  - 著作　《刘梦得文集》《刘宾客集》
- "铭"　古代用于称述功德或自警的文体

内容梳理
- 山　有仙　名
- 水　有龙　灵
- 陋室
  - 德馨
  - 苔绿、草青
  - 有鸿儒、无白丁
  - 调琴、阅经
- 无
  - 丝竹　乱耳
  - 案牍　劳形
- 何陋之有

思想情感
- 描写　陋室　幽雅、恬静
- 表达作者
  - 洁身自好，不慕名利
  - 高洁傲岸的情操，安贫乐道的情趣

名句
- 山不在高，有仙则名。水不在深，有龙则灵
- 斯是陋室，惟吾德馨
- 苔痕上阶绿，草色入帘青
- 谈笑有鸿儒，往来无白丁
- 无丝竹之乱耳，无案牍之劳形

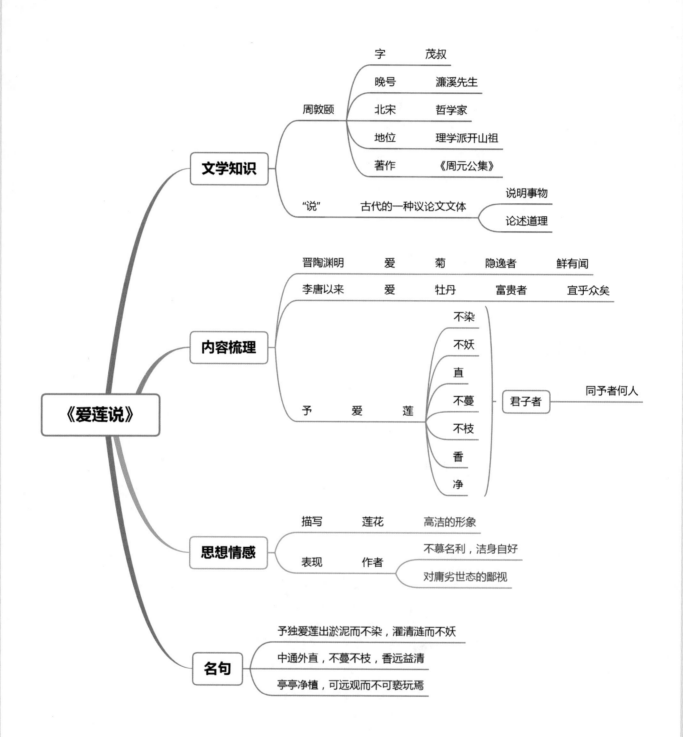

《爱莲说》

- 文学知识
  - 周敦颐
    - 字　　茂叔
    - 晚号　濂溪先生
    - 北宋　哲学家
    - 地位　理学派开山祖
    - 著作　《周元公集》
  - "说"　古代的一种议论文文体
    - 说明事物
    - 论述道理
- 内容梳理
  - 晋陶渊明　爱　菊　隐逸者　鲜有闻
  - 李唐以来　爱　牡丹　富贵者　宜乎众矣
  - 予　爱　莲
    - 不染
    - 不妖
    - 直
    - 不蔓
    - 不枝
    - 香
    - 净
  - 君子者　同予者何人
- 思想情感
  - 描写　莲花　高洁的形象
  - 表现　作者
    - 不慕名利，洁身自好
    - 对庸劣世态的鄙视
- 名句
  - 予独爱莲出淤泥而不染，濯清涟而不妖
  - 中通外直，不蔓不枝，香远益清
  - 亭亭净植，可远观而不可亵玩焉

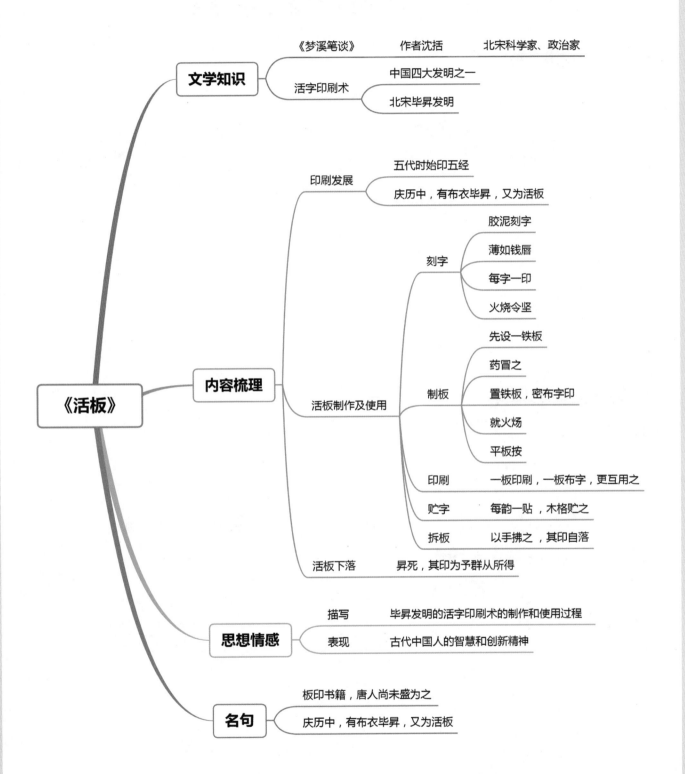

《活板》

文学知识
- 《梦溪笔谈》 —— 作者沈括 —— 北宋科学家、政治家
- 活字印刷术 —— 中国四大发明之一
- 活字印刷术 —— 北宋毕昇发明

内容梳理
- 印刷发展
  - 五代时始印五经
  - 庆历中，有布衣毕昇，又为活板
- 活板制作及使用
  - 刻字
    - 胶泥刻字
    - 薄如钱唇
    - 每字一印
    - 火烧令坚
  - 制板
    - 先设一铁板
    - 药冒之
    - 置铁板，密布字印
    - 就火炀
    - 平板按
  - 印刷 —— 一板印刷，一板布字，更互用之
  - 贮字 —— 每韵一贴，木格贮之
  - 拆板 —— 以手拂之，其印自落
- 活板下落 —— 昇死，其印为予群从所得

思想情感
- 描写 —— 毕昇发明的活字印刷术的制作和使用过程
- 表现 —— 古代中国人的智慧和创新精神

名句
- 板印书籍，唐人尚未盛为之
- 庆历中，有布衣毕昇，又为活板

七年级下册 作文思维导图

一、写出人物的精神

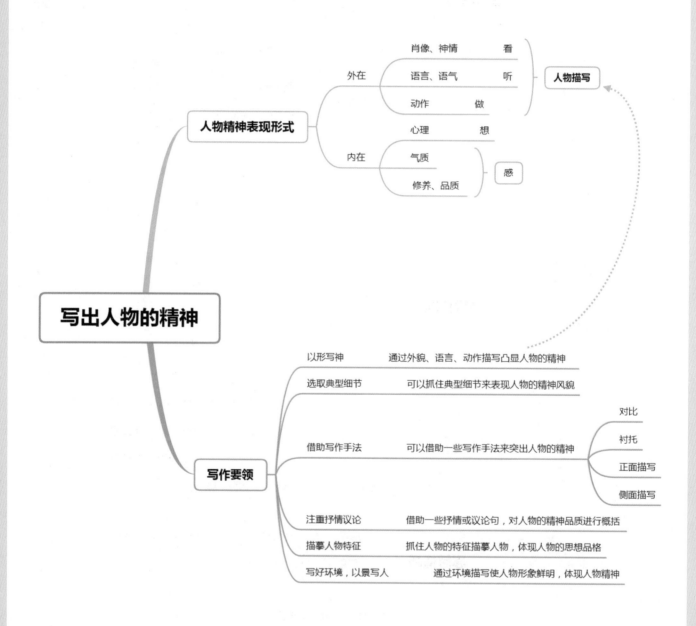

写出人物的精神

人物精神表现形式

外在
- 肖像、神情　　看
- 语言、语气　　听
- 动作　　　　　做　　人物描写
- 心理　　　　　想

内在
- 气质
- 修养、品质　　感

写作要领
- 以形写神　　　通过外貌、语言、动作描写凸显人物的精神
- 选取典型细节　　可以抓住典型细节来表现人物的精神风貌
- 借助写作手法　　可以借助一些写作手法来突出人物的精神
  - 对比
  - 衬托
  - 正面描写
  - 侧面描写
- 注重抒情议论　　借助一些抒情或议论句，对人物的精神品质进行概括
- 描摹人物特征　　抓住人物的特征描摹人物，体现人物的思想品格
- 写好环境，以景写人　　通过环境描写使人物形象鲜明，体现人物精神

二、 学习抒情

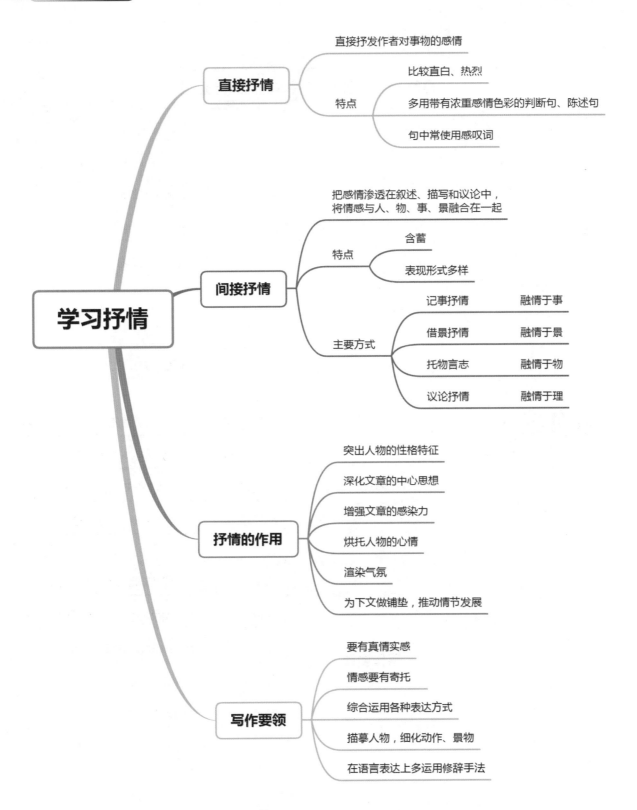

直接抒情
- 直接抒发作者对事物的感情
- 特点
  - 比较直白、热烈
  - 多用带有浓重感情色彩的判断句、陈述句
  - 句中常使用感叹词

学习抒情

间接抒情
- 把感情渗透在叙述、描写和议论中，将情感与人、物、事、景融合在一起
- 特点
  - 含蓄
  - 表现形式多样
- 主要方式
  - 记事抒情　　融情于事
  - 借景抒情　　融情于景
  - 托物言志　　融情于物
  - 议论抒情　　融情于理

抒情的作用
- 突出人物的性格特征
- 深化文章的中心思想
- 增强文章的感染力
- 烘托人物的心情
- 渲染气氛
- 为下文做铺垫，推动情节发展

写作要领
- 要有真情实感
- 情感要有寄托
- 综合运用各种表达方式
- 描摹人物，细化动作、景物
- 在语言表达上多运用修辞手法

三、 抓住细节

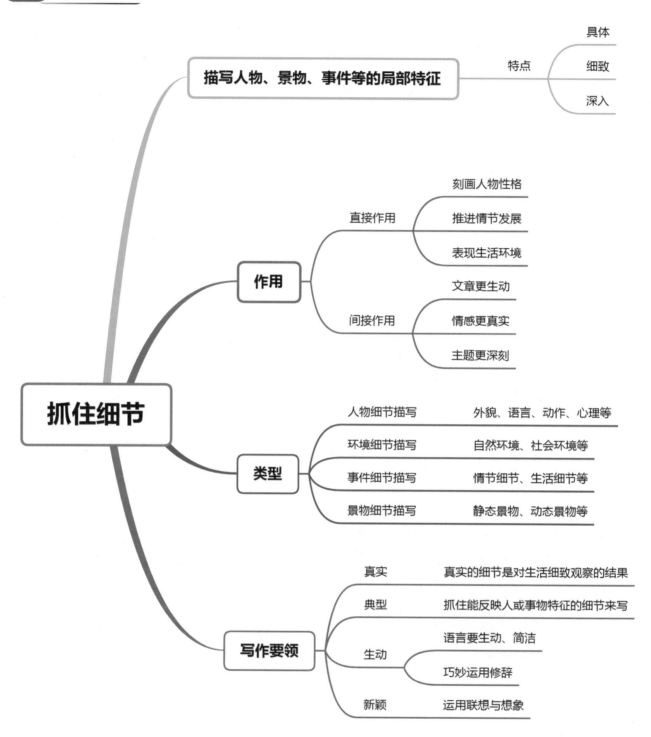

描写人物、景物、事件等的局部特征 —— 特点 —— 具体 / 细致 / 深入

抓住细节

作用
- 直接作用
  - 刻画人物性格
  - 推进情节发展
  - 表现生活环境
- 间接作用
  - 文章更生动
  - 情感更真实
  - 主题更深刻

类型
- 人物细节描写 —— 外貌、语言、动作、心理等
- 环境细节描写 —— 自然环境、社会环境等
- 事件细节描写 —— 情节细节、生活细节等
- 景物细节描写 —— 静态景物、动态景物等

写作要领
- 真实 —— 真实的细节是对生活细致观察的结果
- 典型 —— 抓住能反映人或事物特征的细节来写
- 生动
  - 语言要生动、简洁
  - 巧妙运用修辞
- 新颖 —— 运用联想与想象

四、怎样选材

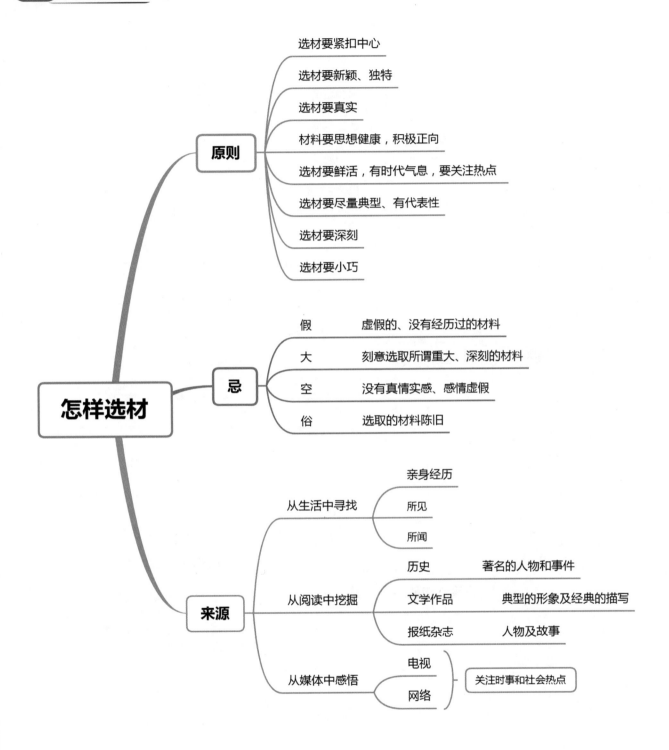

怎样选材

原则
- 选材要紧扣中心
- 选材要新颖、独特
- 选材要真实
- 材料要思想健康，积极正向
- 选材要鲜活，有时代气息，要关注热点
- 选材要尽量典型、有代表性
- 选材要深刻
- 选材要小巧

忌
- 假　　虚假的、没有经历过的材料
- 大　　刻意选取所谓重大、深刻的材料
- 空　　没有真情实感、感情虚假
- 俗　　选取的材料陈旧

来源
- 从生活中寻找
  - 亲身经历
  - 所见
  - 所闻
- 从阅读中挖掘
  - 历史　　著名的人物和事件
  - 文学作品　　典型的形象及经典的描写
  - 报纸杂志　　人物及故事
- 从媒体中感悟
  - 电视
  - 网络　　关注时事和社会热点

五、 文从字顺

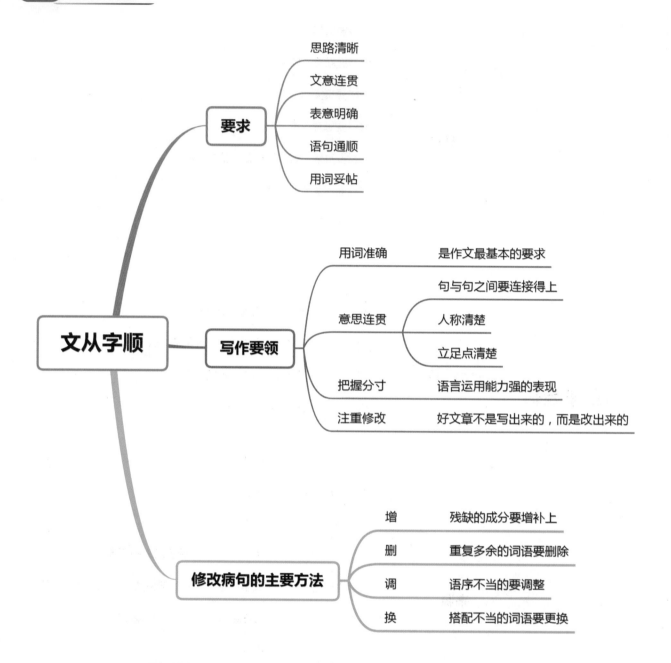

要求
- 思路清晰
- 文意连贯
- 表意明确
- 语句通顺
- 用词妥帖

文从字顺

写作要领
- 用词准确 —— 是作文最基本的要求
- 意思连贯
  - 句与句之间要连接得上
  - 人称清楚
  - 立足点清楚
- 把握分寸 —— 语言运用能力强的表现
- 注重修改 —— 好文章不是写出来的，而是改出来的

修改病句的主要方法
- 增 —— 残缺的成分要增补上
- 删 —— 重复多余的词语要删除
- 调 —— 语序不当的要调整
- 换 —— 搭配不当的词语要更换

六、 语言简明

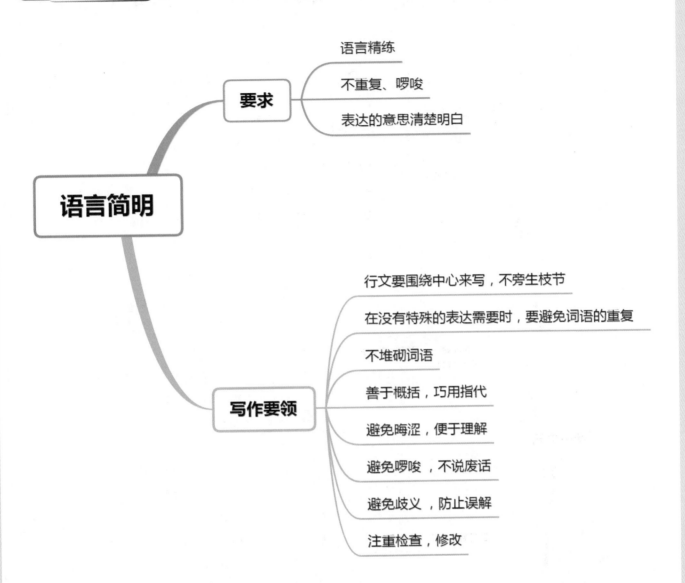

语言简明

要求
- 语言精练
- 不重复、啰唆
- 表达的意思清楚明白

写作要领
- 行文要围绕中心来写，不旁生枝节
- 在没有特殊的表达需要时，要避免词语的重复
- 不堆砌词语
- 善于概括，巧用指代
- 避免晦涩，便于理解
- 避免啰唆，不说废话
- 避免歧义，防止误解
- 注重检查，修改

七年级下册 课文单元总结思维导图

第一单元

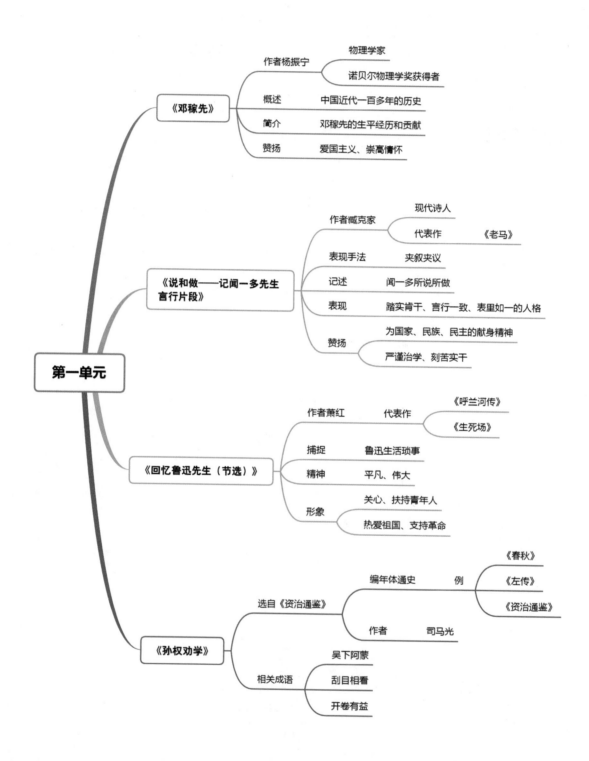

第一单元

《邓稼先》
- 作者杨振宁
  - 物理学家
  - 诺贝尔物理学奖获得者
- 概述 — 中国近代一百多年的历史
- 简介 — 邓稼先的生平经历和贡献
- 赞扬 — 爱国主义、崇高情怀

《说和做——记闻一多先生言行片段》
- 作者臧克家
  - 现代诗人
  - 代表作 — 《老马》
- 表现手法 — 夹叙夹议
- 记述 — 闻一多所说所做
- 表现 — 踏实肯干、言行一致、表里如一的人格
- 赞扬
  - 为国家、民族、民主的献身精神
  - 严谨治学、刻苦实干

《回忆鲁迅先生（节选）》
- 作者萧红 — 代表作
  - 《呼兰河传》
  - 《生死场》
- 捕捉 — 鲁迅生活琐事
- 精神 — 平凡、伟大
- 形象
  - 关心、扶持青年人
  - 热爱祖国、支持革命

《孙权劝学》
- 选自《资治通鉴》
  - 编年体通史 — 例
    - 《春秋》
    - 《左传》
    - 《资治通鉴》
  - 作者 — 司马光
- 相关成语
  - 吴下阿蒙
  - 刮目相看
  - 开卷有益

第二单元

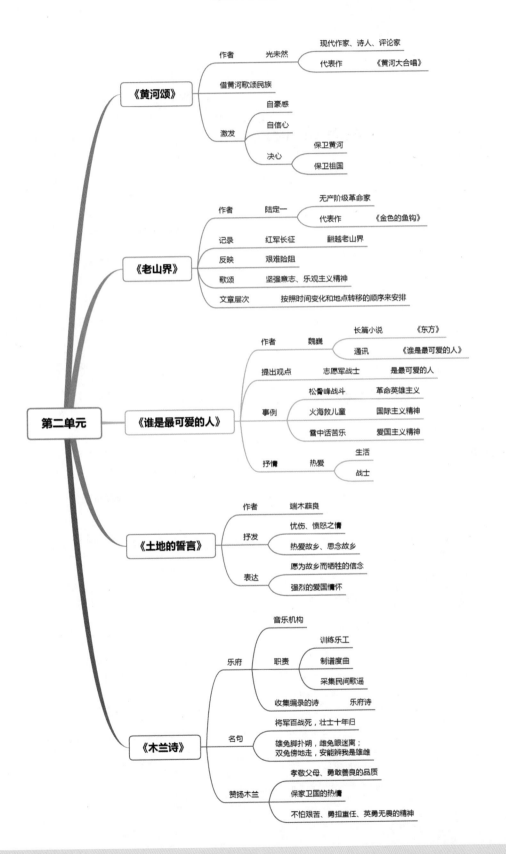

第二单元

《黄河颂》
- 作者 — 光未然 — 现代作家、诗人、评论家
  - 代表作 — 《黄河大合唱》
- 借黄河歌颂民族
- 激发
  - 自豪感
  - 自信心
  - 决心 — 保卫黄河
    - 保卫祖国

《老山界》
- 作者 — 陆定一 — 无产阶级革命家
  - 代表作 — 《金色的鱼钩》
- 记录 — 红军长征 — 翻越老山界
- 反映 — 艰难险阻
- 歌颂 — 坚强意志、乐观主义精神
- 文章层次 — 按照时间变化和地点转移的顺序来安排

《谁是最可爱的人》
- 作者 — 魏巍
  - 长篇小说 — 《东方》
  - 通讯 — 《谁是最可爱的人》
- 提出观点 — 志愿军战士 — 是最可爱的人
- 事例
  - 松骨峰战斗 — 革命英雄主义
  - 火海救儿童 — 国际主义精神
  - 雪中话苦乐 — 爱国主义精神
- 抒情 — 热爱
  - 生活
  - 战士

《土地的誓言》
- 作者 — 端木蕻良
- 抒发
  - 忧伤、愤怒之情
  - 热爱故乡、思念故乡
- 表达
  - 愿为故乡而牺牲的信念
  - 强烈的爱国情怀

《木兰诗》
- 乐府
  - 音乐机构
  - 职责
    - 训练乐工
    - 制谱度曲
    - 采集民间歌谣
  - 收集编录的诗 — 乐府诗
- 名句
  - 将军百战死，壮士十年归
  - 雄兔脚扑朔，雌兔眼迷离；双兔傍地走，安能辨我是雄雌
- 赞扬木兰
  - 孝敬父母、勇敢善良的品质
  - 保家卫国的热情
  - 不怕艰苦、勇担重任、英勇无畏的精神

第三单元

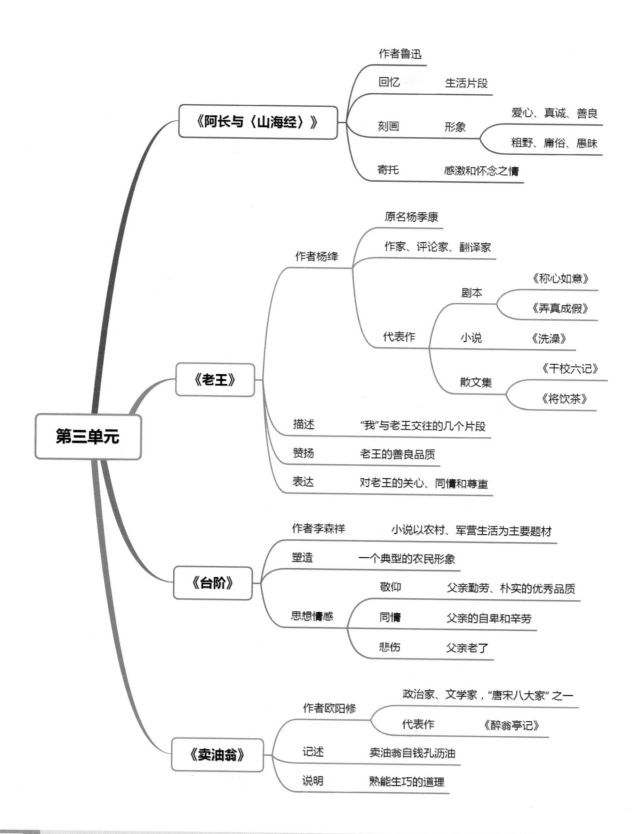

第三单元

《阿长与〈山海经〉》
- 作者鲁迅
- 回忆 —— 生活片段
- 刻画 —— 形象
  - 爱心、真诚、善良
  - 粗野、庸俗、愚昧
- 寄托 —— 感激和怀念之情

《老王》
- 作者杨绛
  - 原名杨季康
  - 作家、评论家、翻译家
  - 代表作
    - 剧本
      - 《称心如意》
      - 《弄真成假》
    - 小说 —— 《洗澡》
    - 散文集
      - 《干校六记》
      - 《将饮茶》
- 描述 —— "我"与老王交往的几个片段
- 赞扬 —— 老王的善良品质
- 表达 —— 对老王的关心、同情和尊重

《台阶》
- 作者李森祥 —— 小说以农村、军营生活为主要题材
- 塑造 —— 一个典型的农民形象
- 思想情感
  - 敬仰 —— 父亲勤劳、朴实的优秀品质
  - 同情 —— 父亲的自卑和辛劳
  - 悲伤 —— 父亲老了

《卖油翁》
- 作者欧阳修
  - 政治家、文学家，"唐宋八大家"之一
  - 代表作 —— 《醉翁亭记》
- 记述 —— 卖油翁自钱孔沥油
- 说明 —— 熟能生巧的道理

第四单元

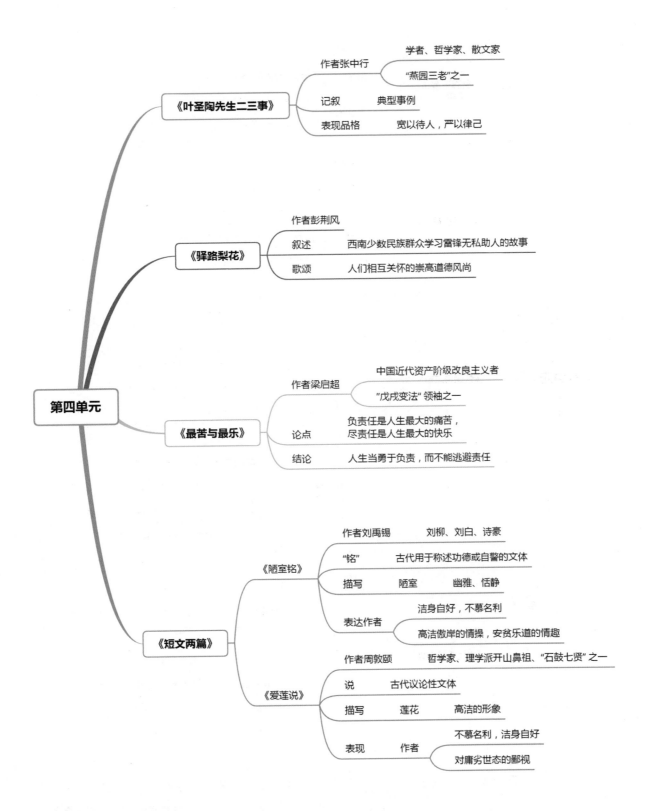

第四单元

《叶圣陶先生二三事》
- 作者张中行
  - 学者、哲学家、散文家
  - "燕园三老"之一
- 记叙　典型事例
- 表现品格　宽以待人，严以律己

《驿路梨花》
- 作者彭荆风
- 叙述　西南少数民族群众学习雷锋无私助人的故事
- 歌颂　人们相互关怀的崇高道德风尚

《最苦与最乐》
- 作者梁启超
  - 中国近代资产阶级改良主义者
  - "戊戌变法"领袖之一
- 论点　负责任是人生最大的痛苦，尽责任是人生最大的快乐
- 结论　人生当勇于负责，而不能逃避责任

《短文两篇》
- 《陋室铭》
  - 作者刘禹锡　刘柳、刘白、诗豪
  - "铭"　古代用于称述功德或自警的文体
  - 描写　陋室　幽雅、恬静
  - 表达作者
    - 洁身自好，不慕名利
    - 高洁傲岸的情操，安贫乐道的情趣
- 《爱莲说》
  - 作者周敦颐　哲学家、理学派开山鼻祖、"石鼓七贤"之一
  - 说　古代议论性文体
  - 描写　莲花　高洁的形象
  - 表现　作者
    - 不慕名利，洁身自好
    - 对庸劣世态的鄙视

第五单元

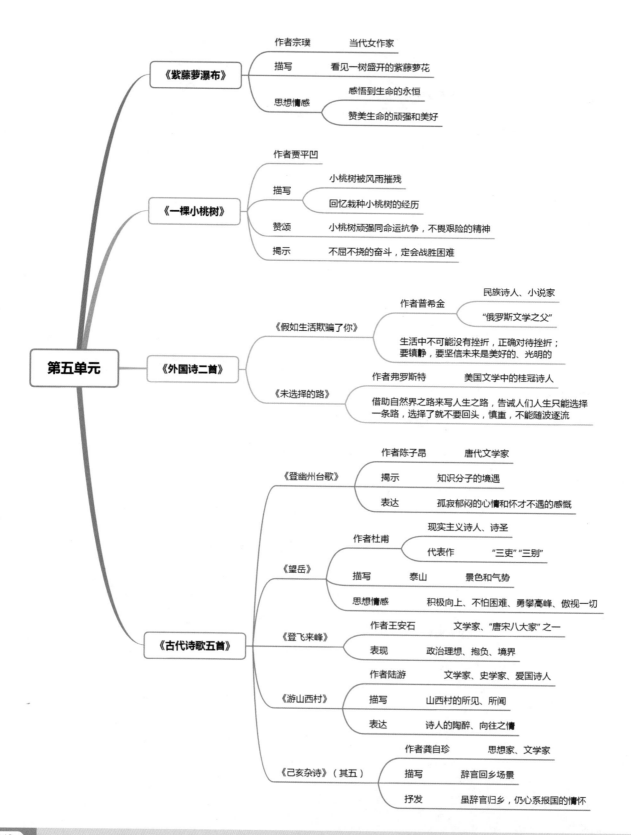

《紫藤萝瀑布》
- 作者宗璞 —— 当代女作家
- 描写 —— 看见一树盛开的紫藤萝花
- 思想情感
  - 感悟到生命的永恒
  - 赞美生命的顽强和美好

《一棵小桃树》
- 作者贾平凹
- 描写
  - 小桃树被风雨摧残
  - 回忆栽种小桃树的经历
- 赞颂 —— 小桃树顽强同命运抗争，不畏艰险的精神
- 揭示 —— 不屈不挠的奋斗，定会战胜困难

《外国诗二首》
- 《假如生活欺骗了你》
  - 作者普希金
    - 民族诗人、小说家
    - "俄罗斯文学之父"
  - 生活中不可能没有挫折，正确对待挫折；要镇静，要坚信未来是美好的、光明的
- 《未选择的路》
  - 作者弗罗斯特 —— 美国文学中的桂冠诗人
  - 借助自然界之路来写人生之路，告诫人们人生只能选择一条路，选择了就不要回头，慎重，不能随波逐流

《古代诗歌五首》
- 《登幽州台歌》
  - 作者陈子昂 —— 唐代文学家
  - 揭示 —— 知识分子的境遇
  - 表达 —— 孤寂郁闷的心情和怀才不遇的感慨
- 《望岳》
  - 作者杜甫
    - 现实主义诗人、诗圣
    - 代表作 —— "三吏""三别"
  - 描写 —— 泰山 —— 景色和气势
  - 思想情感 —— 积极向上、不怕困难、勇攀高峰、傲视一切
- 《登飞来峰》
  - 作者王安石 —— 文学家、"唐宋八大家"之一
  - 表现 —— 政治理想、抱负、境界
- 《游山西村》
  - 作者陆游 —— 文学家、史学家、爱国诗人
  - 描写 —— 山西村的所见、所闻
  - 表达 —— 诗人的陶醉、向往之情
- 《己亥杂诗》（其五）
  - 作者龚自珍 —— 思想家、文学家
  - 描写 —— 辞官回乡场景
  - 抒发 —— 虽辞官归乡，仍心系报国的情怀

第六单元

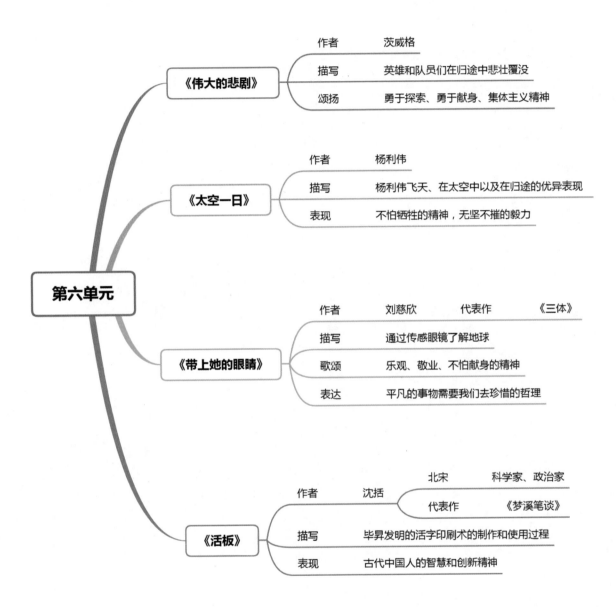

第六单元

《伟大的悲剧》
- 作者　茨威格
- 描写　英雄和队员们在归途中悲壮覆没
- 颂扬　勇于探索、勇于献身、集体主义精神

《太空一日》
- 作者　杨利伟
- 描写　杨利伟飞天、在太空中以及在归途的优异表现
- 表现　不怕牺牲的精神，无坚不摧的毅力

《带上她的眼睛》
- 作者　刘慈欣　代表作　《三体》
- 描写　通过传感眼镜了解地球
- 歌颂　乐观、敬业、不怕献身的精神
- 表达　平凡的事物需要我们去珍惜的哲理

《活板》
- 作者　沈括　北宋　科学家、政治家
- 　　　　　　　代表作　《梦溪笔谈》
- 描写　毕昇发明的活字印刷术的制作和使用过程
- 表现　古代中国人的智慧和创新精神

数　学

第一章　有理数

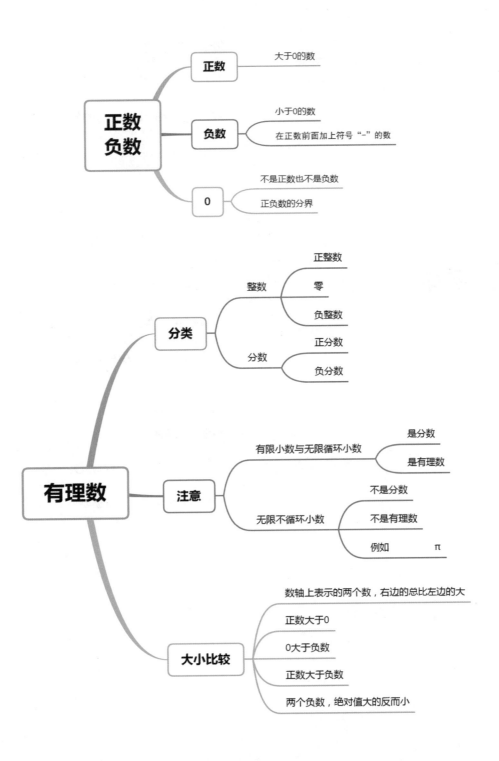

正数负数
- 正数 —— 大于0的数
- 负数 —— 小于0的数 / 在正数前面加上符号"-"的数
- 0 —— 不是正数也不是负数 / 正负数的分界

有理数
- 分类
  - 整数
    - 正整数
    - 零
    - 负整数
  - 分数
    - 正分数
    - 负分数
- 注意
  - 有限小数与无限循环小数 —— 是分数 / 是有理数
  - 无限不循环小数 —— 不是分数 / 不是有理数 / 例如　π
- 大小比较
  - 数轴上表示的两个数，右边的总比左边的大
  - 正数大于0
  - 0大于负数
  - 正数大于负数
  - 两个负数，绝对值大的反而小

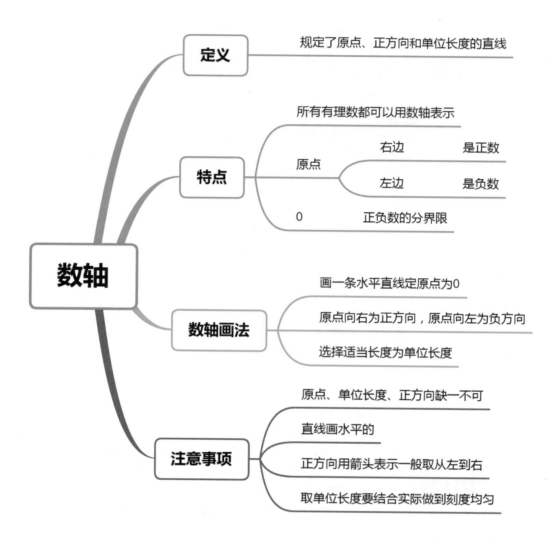

数轴

定义 —— 规定了原点、正方向和单位长度的直线

特点
- 所有有理数都可以用数轴表示
- 原点 —— 右边 —— 是正数
- 原点 —— 左边 —— 是负数
- 0 —— 正负数的分界限

数轴画法
- 画一条水平直线定原点为0
- 原点向右为正方向，原点向左为负方向
- 选择适当长度为单位长度

注意事项
- 原点、单位长度、正方向缺一不可
- 直线画水平的
- 正方向用箭头表示一般取从左到右
- 取单位长度要结合实际做到刻度均匀

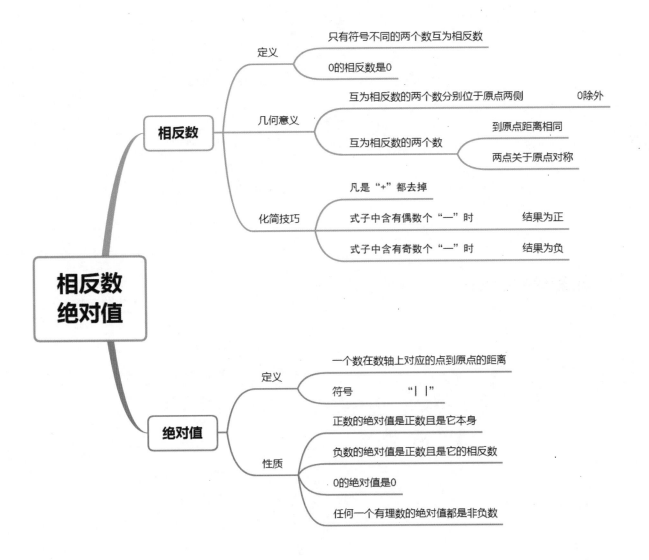

相反数

定义
只有符号不同的两个数互为相反数
0的相反数是0

几何意义
互为相反数的两个数分别位于原点两侧　　0除外
互为相反数的两个数
到原点距离相同
两点关于原点对称

化简技巧
凡是"+"都去掉
式子中含有偶数个"—"时　　结果为正
式子中含有奇数个"—"时　　结果为负

相反数
绝对值

绝对值

定义
一个数在数轴上对应的点到原点的距离
符号　　　"│ │"

性质
正数的绝对值是正数且是它本身
负数的绝对值是正数且是它的相反数
0的绝对值是0
任何一个有理数的绝对值都是非负数

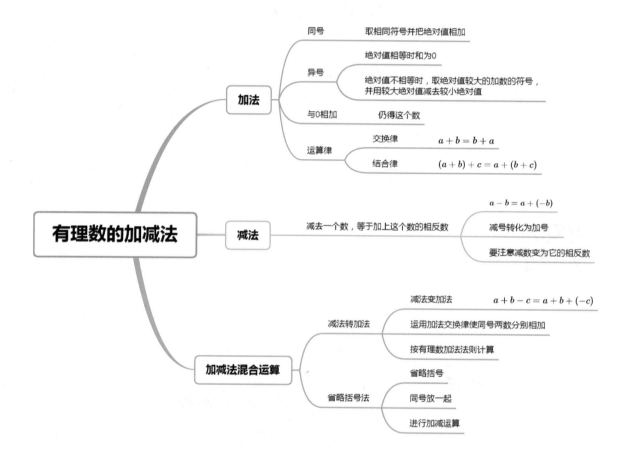

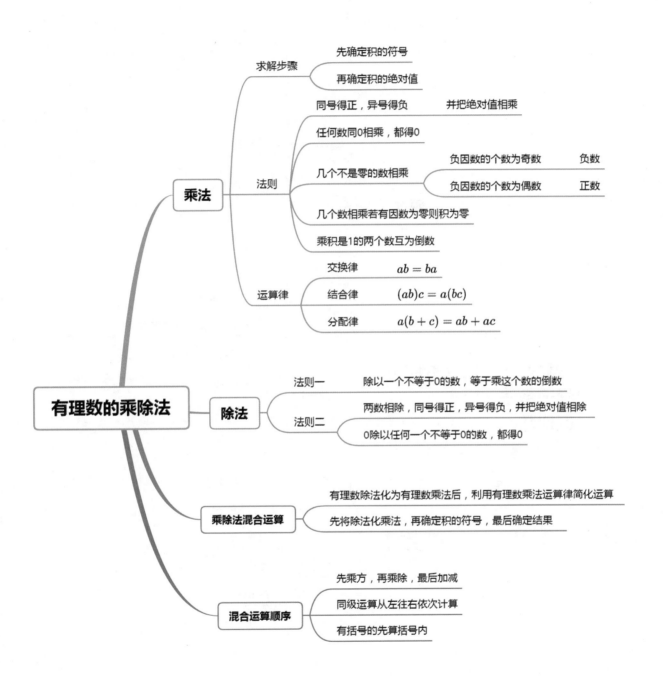

有理数的乘除法

乘法

求解步骤
　先确定积的符号
　再确定积的绝对值

法则
　同号得正，异号得负　　　并把绝对值相乘
　任何数同0相乘，都得0
　几个不是零的数相乘
　　负因数的个数为奇数　　负数
　　负因数的个数为偶数　　正数
　几个数相乘若有因数为零则积为零
　乘积是1的两个数互为倒数

运算律
　交换律　　$ab = ba$
　结合律　　$(ab)c = a(bc)$
　分配律　　$a(b + c) = ab + ac$

除法
　法则一　　除以一个不等于0的数，等于乘这个数的倒数
　法则二　　两数相除，同号得正，异号得负，并把绝对值相除
　　　　　　0除以任何一个不等于0的数，都得0

乘除法混合运算
　有理数除法化为有理数乘法后，利用有理数乘法运算律简化运算
　先将除法化乘法，再确定积的符号，最后确定结果

混合运算顺序
　先乘方，再乘除，最后加减
　同级运算从左往右依次计算
　有括号的先算括号内

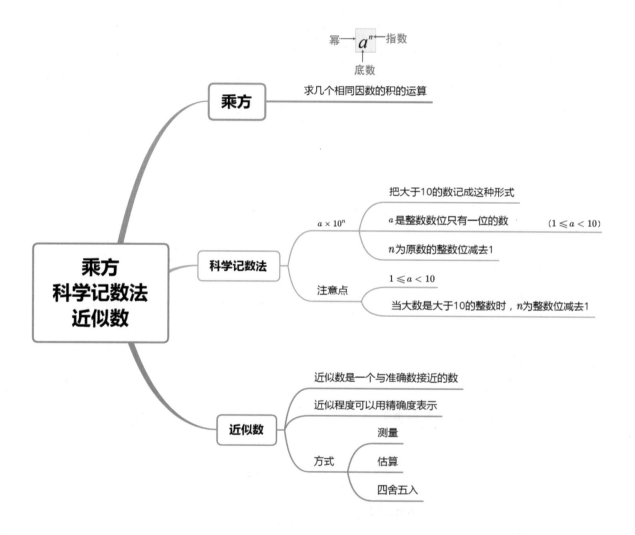

幂 → a^n ← 指数

底数

乘方 —— 求几个相同因数的积的运算

**乘方
科学记数法
近似数**

科学记数法

$a \times 10^n$
- 把大于10的数记成这种形式
- a 是整数数位只有一位的数　　　　$(1 \leqslant a < 10)$
- n 为原数的整数位减去1

注意点
- $1 \leqslant a < 10$
- 当大数是大于10的整数时，n 为整数位减去1

近似数
- 近似数是一个与准确数接近的数
- 近似程度可以用精确度表示
- 方式
  - 测量
  - 估算
  - 四舍五入

第二章 整式的加减

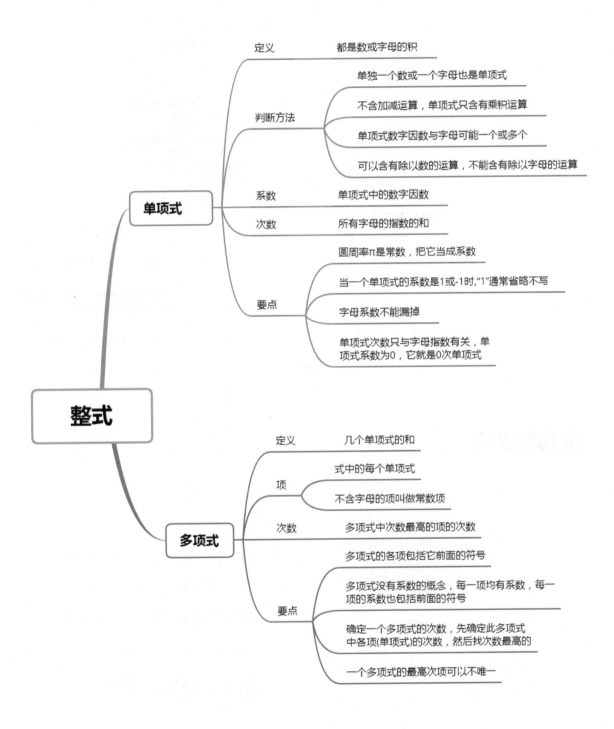

单项式

定义 —— 都是数或字母的积

判断方法
- 单独一个数或一个字母也是单项式
- 不含加减运算，单项式只含有乘积运算
- 单项式数字因数与字母可能一个或多个
- 可以含有除以数的运算，不能含有除以字母的运算

系数 —— 单项式中的数字因数

次数 —— 所有字母的指数的和

要点
- 圆周率π是常数，把它当成系数
- 当一个单项式的系数是1或-1时，"1"通常省略不写
- 字母系数不能漏掉
- 单项式次数只与字母指数有关，单项式系数为0，它就是0次单项式

整式

多项式

定义 —— 几个单项式的和

项
- 式中的每个单项式
- 不含字母的项叫做常数项

次数 —— 多项式中次数最高的项的次数

要点
- 多项式的各项包括它前面的符号
- 多项式没有系数的概念，每一项均有系数，每一项的系数也包括前面的符号
- 确定一个多项式的次数，先确定此多项式中各项(单项式)的次数，然后找次数最高的
- 一个多项式的最高次项可以不唯一

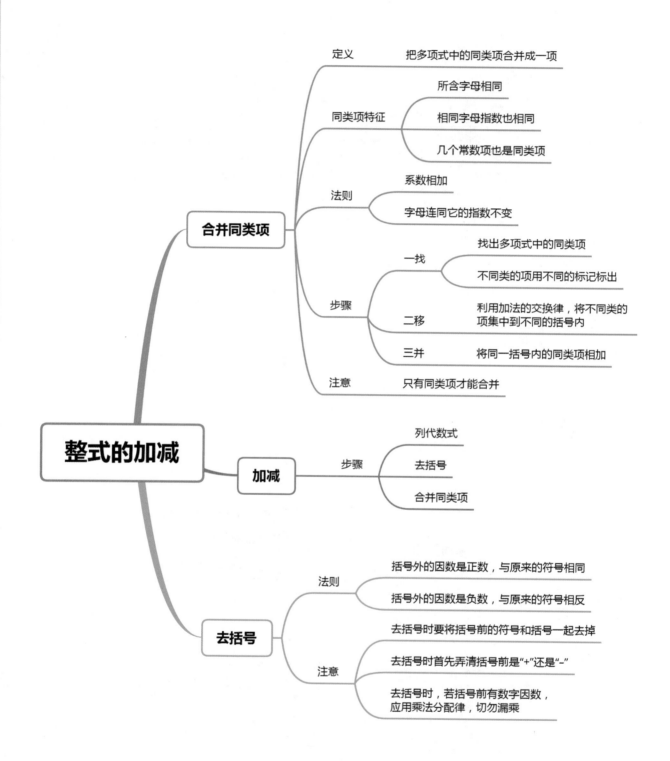

定义　　把多项式中的同类项合并成一项

同类项特征
　所含字母相同
　相同字母指数也相同
　几个常数项也是同类项

法则
　系数相加
　字母连同它的指数不变

步骤
　一找
　　找出多项式中的同类项
　　不同类的项用不同的标记标出
　二移
　　利用加法的交换律，将不同类的项集中到不同的括号内
　三并
　　将同一括号内的同类项相加

注意　只有同类项才能合并

合并同类项

整式的加减

加减　步骤
　列代数式
　去括号
　合并同类项

去括号
法则
　括号外的因数是正数，与原来的符号相同
　括号外的因数是负数，与原来的符号相反

注意
　去括号时要将括号前的符号和括号一起去掉
　去括号时首先弄清括号前是"+"还是"−"
　去括号时，若括号前有数字因数，应用乘法分配律，切勿漏乘

第三章　一元一次方程

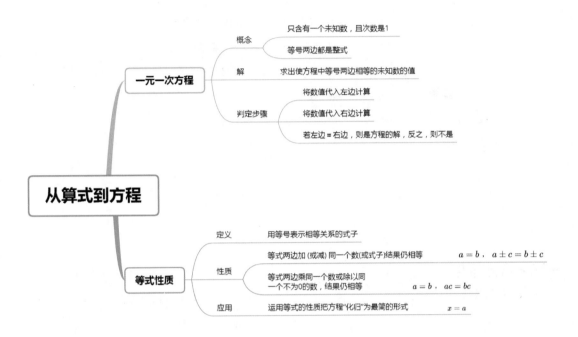

从算式到方程

一元一次方程
- 概念
  - 只含有一个未知数，且次数是1
  - 等号两边都是整式
- 解　求出使方程中等号两边相等的未知数的值
- 判定步骤
  - 将数值代入左边计算
  - 将数值代入右边计算
  - 若左边＝右边，则是方程的解，反之，则不是

等式性质
- 定义　用等号表示相等关系的式子
- 性质
  - 等式两边加(或减)同一个数(或式子)结果仍相等　$a=b，a\pm c=b\pm c$
  - 等式两边乘同一个数或除以同一个不为0的数，结果仍相等　$a=b，ac=bc$
- 应用　运用等式的性质把方程"化归"为最简的形式　$x=a$

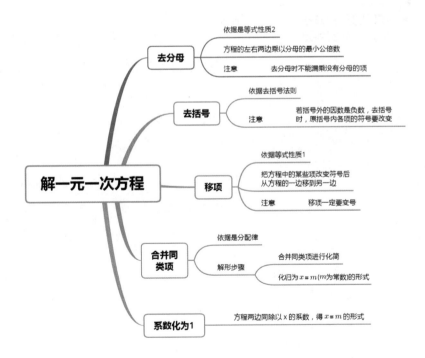

解一元一次方程

- 去分母
  - 依据是等式性质2
  - 方程的左右两边乘以分母的最小公倍数
  - 注意　去分母时不能漏乘没有分母的项
- 去括号
  - 依据去括号法则
  - 注意　若括号外的因数是负数，去括号时，原括号内各项的符号要改变
- 移项
  - 依据等式性质1
  - 把方程中的某些项改变符号后从方程的一边移到另一边
  - 注意　移项一定要变号
- 合并同类项
  - 依据是分配律
  - 解形步骤
    - 合并同类项进行化简
    - 化归为 $x=m(m$为常数)的形式
- 系数化为1　方程两边同除以x的系数，得 $x=m$ 的形式

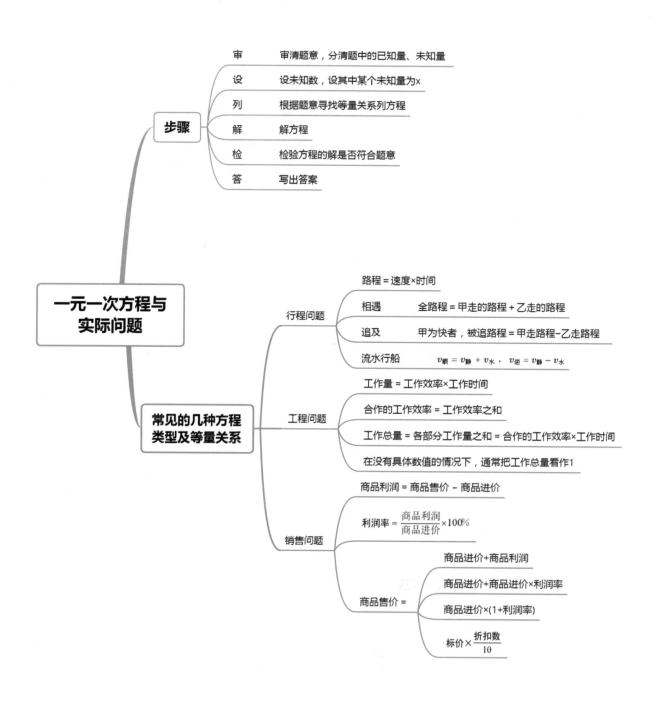

一元一次方程与
实际问题

步骤

审　　审清题意，分清题中的已知量、未知量

设　　设未知数，设其中某个未知量为x

列　　根据题意寻找等量关系列方程

解　　解方程

检　　检验方程的解是否符合题意

答　　写出答案

常见的几种方程
类型及等量关系

行程问题

路程＝速度×时间

相遇　　全路程＝甲走的路程＋乙走的路程

追及　　甲为快者，被追路程＝甲走路程－乙走路程

流水行船　　$v_顺 = v_静 + v_水$，$v_逆 = v_静 - v_水$

工程问题

工作量＝工作效率×工作时间

合作的工作效率＝工作效率之和

工作总量＝各部分工作量之和＝合作的工作效率×工作时间

在没有具体数值的情况下，通常把工作总量看作1

销售问题

商品利润＝商品售价－商品进价

利润率＝$\dfrac{商品利润}{商品进价}×100\%$

商品售价＝

商品进价＋商品利润

商品进价＋商品进价×利润率

商品进价×(1＋利润率)

标价×$\dfrac{折扣数}{10}$

第四章　几何图形初步

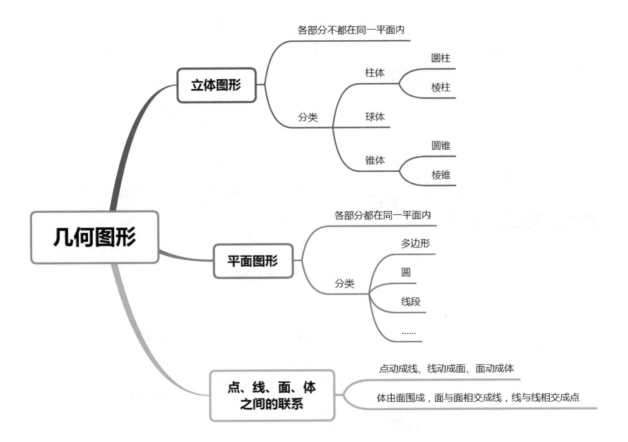

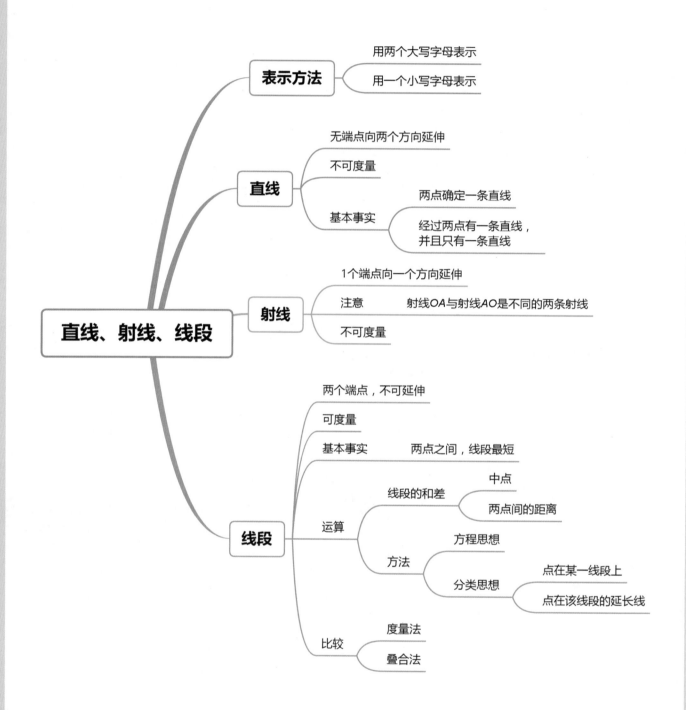

表示方法
- 用两个大写字母表示
- 用一个小写字母表示

直线
- 无端点向两个方向延伸
- 不可度量
- 基本事实
  - 两点确定一条直线
  - 经过两点有一条直线，并且只有一条直线

射线
- 1个端点向一个方向延伸
- 注意　射线OA与射线AO是不同的两条射线
- 不可度量

直线、射线、线段

线段
- 两个端点，不可延伸
- 可度量
- 基本事实　两点之间，线段最短
- 运算
  - 线段的和差
    - 中点
    - 两点间的距离
  - 方法
    - 方程思想
    - 分类思想
      - 点在某一线段上
      - 点在该线段的延长线
- 比较
  - 度量法
  - 叠合法

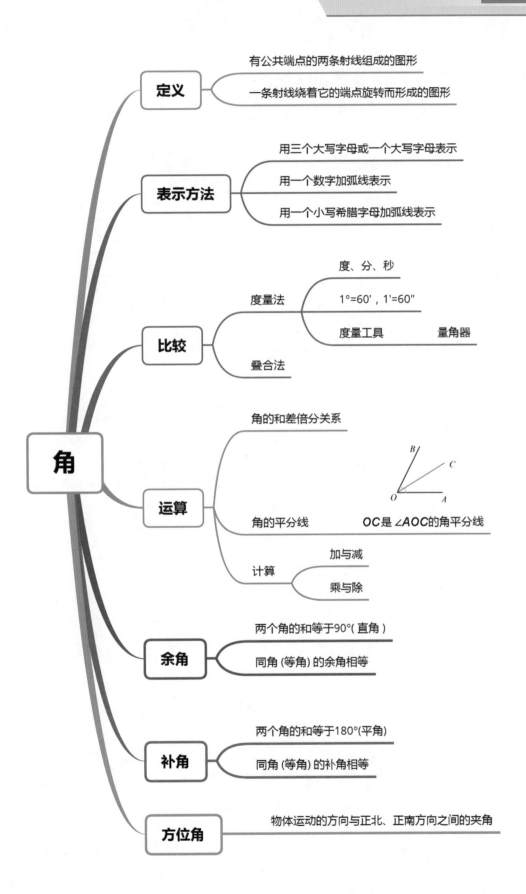

定义
　　有公共端点的两条射线组成的图形
　　一条射线绕着它的端点旋转而形成的图形

表示方法
　　用三个大写字母或一个大写字母表示
　　用一个数字加弧线表示
　　用一个小写希腊字母加弧线表示

比较
　　度量法
　　　　度、分、秒
　　　　1°=60'，1'=60"
　　　　度量工具　　　量角器
　　叠合法

角

运算
　　角的和差倍分关系
　　角的平分线　　　OC是∠AOC的角平分线
　　计算
　　　　加与减
　　　　乘与除

余角
　　两个角的和等于90°(直角)
　　同角(等角)的余角相等

补角
　　两个角的和等于180°(平角)
　　同角(等角)的补角相等

方位角
　　物体运动的方向与正北、正南方向之间的夹角

第五章　相交线与平行线

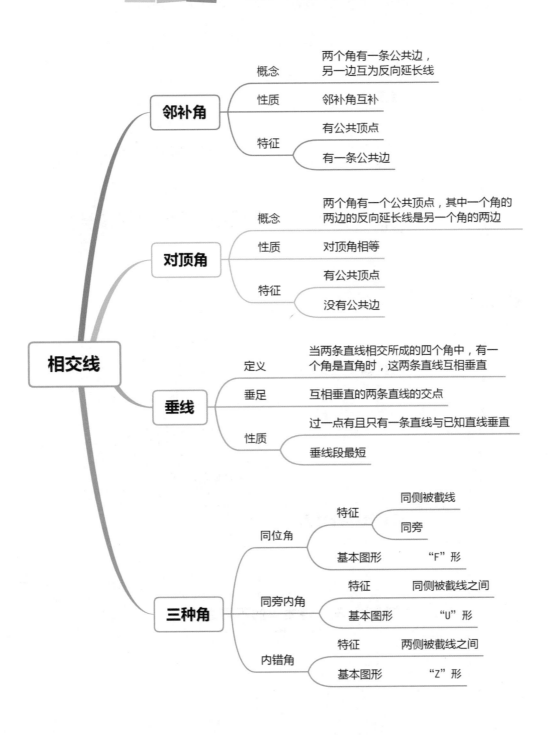

邻补角
- 概念：两个角有一条公共边，另一边互为反向延长线
- 性质：邻补角互补
- 特征：
  - 有公共顶点
  - 有一条公共边

对顶角
- 概念：两个角有一个公共顶点，其中一个角的两边的反向延长线是另一个角的两边
- 性质：对顶角相等
- 特征：
  - 有公共顶点
  - 没有公共边

垂线
- 定义：当两条直线相交所成的四个角中，有一个角是直角时，这两条直线互相垂直
- 垂足：互相垂直的两条直线的交点
- 性质：
  - 过一点有且只有一条直线与已知直线垂直
  - 垂线段最短

相交线

三种角
- 同位角
  - 特征：
    - 同侧被截线
    - 同旁
  - 基本图形："F"形
- 同旁内角
  - 特征：同侧被截线之间
  - 基本图形："U"形
- 内错角
  - 特征：两侧被截线之间
  - 基本图形："Z"形

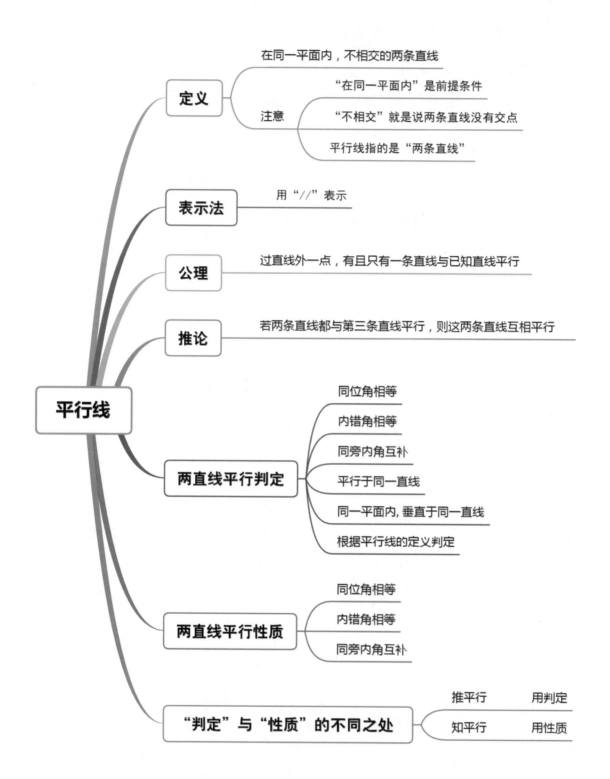

平行线

定义
- 在同一平面内，不相交的两条直线
- 注意
  - "在同一平面内"是前提条件
  - "不相交"就是说两条直线没有交点
  - 平行线指的是"两条直线"

表示法
- 用"∥"表示

公理
- 过直线外一点，有且只有一条直线与已知直线平行

推论
- 若两条直线都与第三条直线平行，则这两条直线互相平行

两直线平行判定
- 同位角相等
- 内错角相等
- 同旁内角互补
- 平行于同一直线
- 同一平面内，垂直于同一直线
- 根据平行线的定义判定

两直线平行性质
- 同位角相等
- 内错角相等
- 同旁内角互补

"判定"与"性质"的不同之处
- 推平行　用判定
- 知平行　用性质

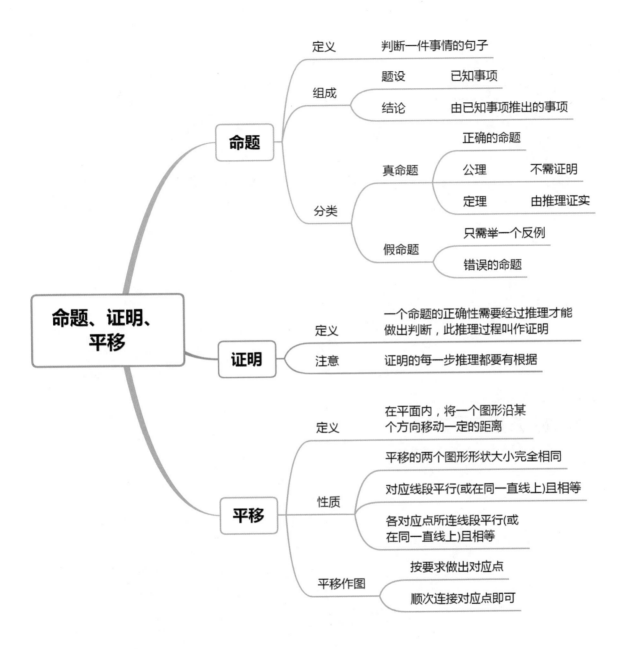

命题
- 定义 —— 判断一件事情的句子
- 组成
  - 题设 —— 已知事项
  - 结论 —— 由已知事项推出的事项
- 分类
  - 真命题 —— 正确的命题
    - 公理 —— 不需证明
    - 定理 —— 由推理证实
  - 假命题
    - 只需举一个反例
    - 错误的命题

命题、证明、平移

证明
- 定义 —— 一个命题的正确性需要经过推理才能做出判断，此推理过程叫作证明
- 注意 —— 证明的每一步推理都要有根据

平移
- 定义 —— 在平面内，将一个图形沿某个方向移动一定的距离
- 性质
  - 平移的两个图形形状大小完全相同
  - 对应线段平行(或在同一直线上)且相等
  - 各对应点所连线段平行(或在同一直线上)且相等
- 平移作图
  - 按要求做出对应点
  - 顺次连接对应点即可

第六章　实数

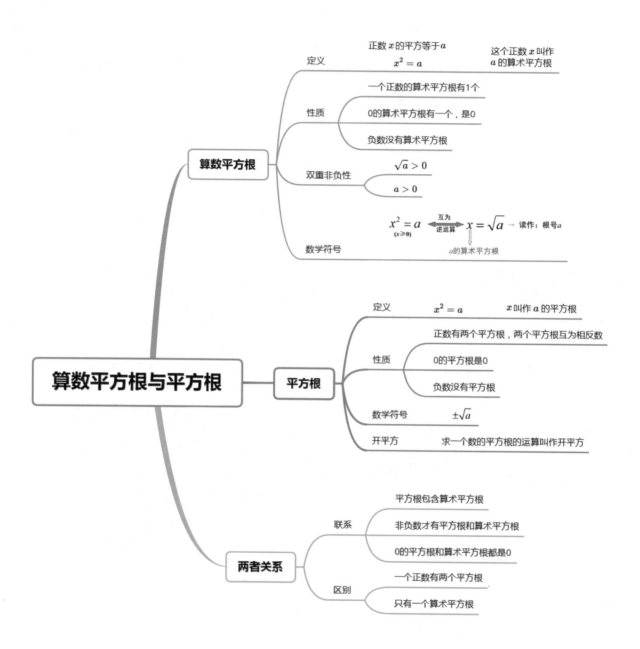

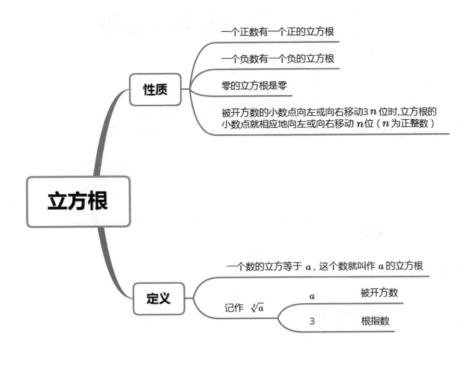

立方根

性质
- 一个正数有一个正的立方根
- 一个负数有一个负的立方根
- 零的立方根是零
- 被开方数的小数点向左或向右移动$3n$位时，立方根的小数点就相应地向左或向右移动n位（n为正整数）

定义
- 一个数的立方等于a，这个数就叫作a的立方根
- 记作 $\sqrt[3]{a}$
  - a —— 被开方数
  - 3 —— 根指数

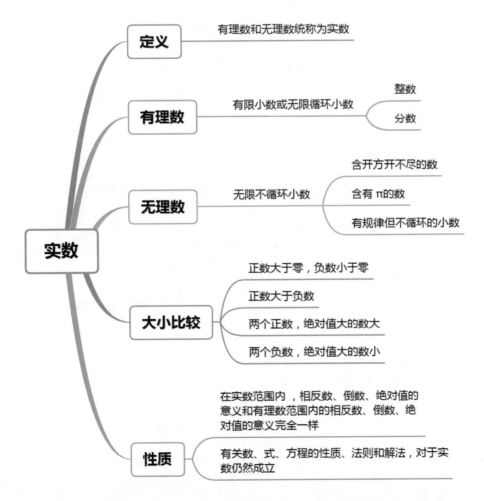

实数

定义
- 有理数和无理数统称为实数

有理数
- 有限小数或无限循环小数
  - 整数
  - 分数

无理数
- 无限不循环小数
  - 含开方开不尽的数
  - 含有 π 的数
  - 有规律但不循环的小数

大小比较
- 正数大于零，负数小于零
- 正数大于负数
- 两个正数，绝对值大的数大
- 两个负数，绝对值大的数小

性质
- 在实数范围内，相反数、倒数、绝对值的意义和有理数范围内的相反数、倒数、绝对值的意义完全一样
- 有关数、式、方程的性质、法则和解法，对于实数仍然成立

第七章　平面直角坐标系

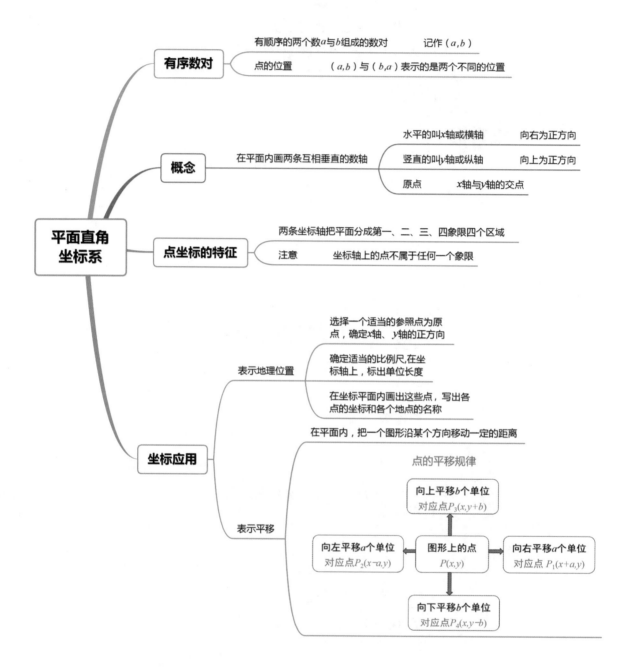

第八章 二元一次方程组

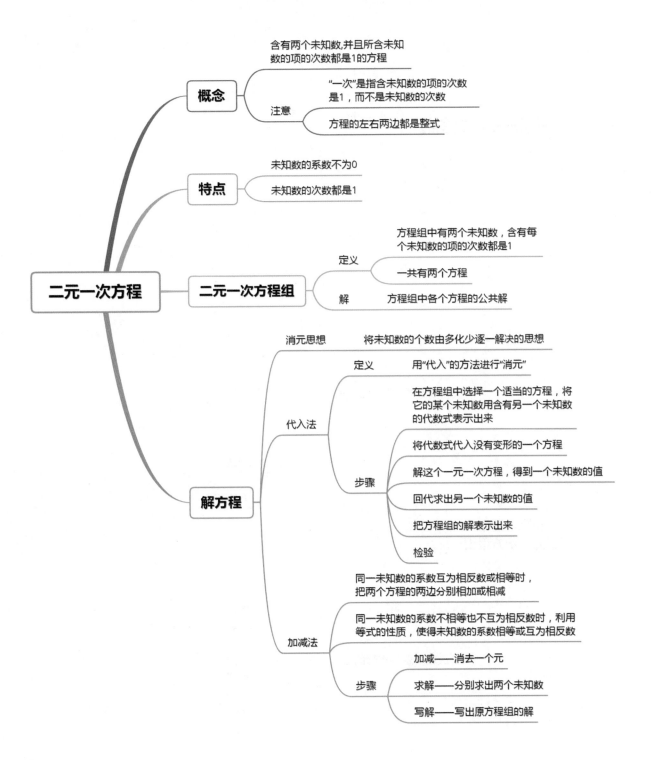

含有两个未知数,并且所含未知数的项的次数都是1的方程

概念

注意

"一次"是指含未知数的项的次数是1，而不是未知数的次数

方程的左右两边都是整式

特点

未知数的系数不为0

未知数的次数都是1

二元一次方程

二元一次方程组

定义

方程组中有两个未知数，含有每个未知数的项的次数都是1

一共有两个方程

解 方程组中各个方程的公共解

解方程

消元思想 将未知数的个数由多化少逐一解决的思想

代入法

定义 用"代入"的方法进行"消元"

步骤

在方程组中选择一个适当的方程，将它的某个未知数用含有另一个未知数的代数式表示出来

将代数式代入没有变形的一个方程

解这个一元一次方程，得到一个未知数的值

回代求出另一个未知数的值

把方程组的解表示出来

检验

加减法

同一未知数的系数互为相反数或相等时，把两个方程的两边分别相加或相减

同一未知数的系数不相等也不互为相反数时，利用等式的性质，使得未知数的系数相等或互为相反数

步骤

加减——消去一个元

求解——分别求出两个未知数

写解——写出原方程组的解

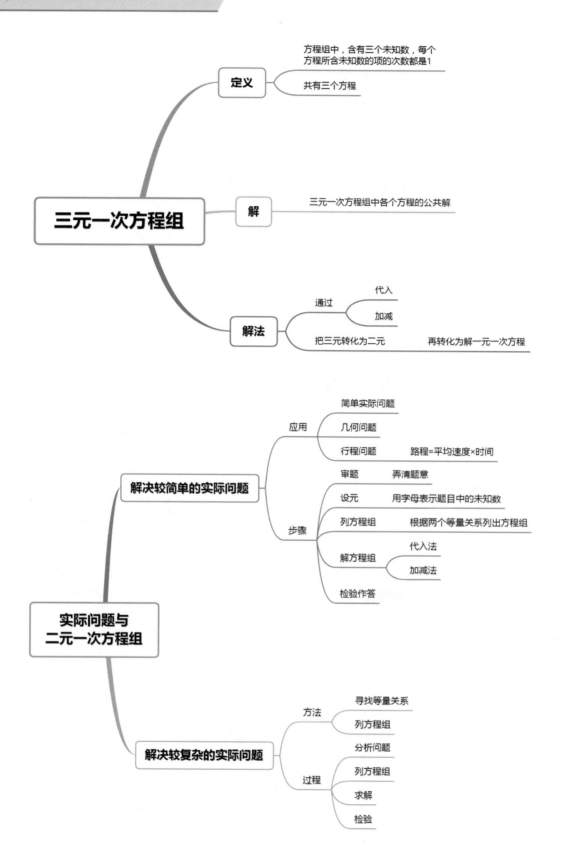

定义 —— 方程组中，含有三个未知数，每个方程所含未知数的项的次数都是1

共有三个方程

三元一次方程组

解 —— 三元一次方程组中各个方程的公共解

解法 —— 通过 —— 代入

加减

把三元转化为二元 —— 再转化为解一元一次方程

解决较简单的实际问题 —— 应用 —— 简单实际问题

几何问题

行程问题 —— 路程=平均速度×时间

步骤 —— 审题 —— 弄清题意

设元 —— 用字母表示题目中的未知数

列方程组 —— 根据两个等量关系列出方程组

解方程组 —— 代入法

加减法

检验作答

实际问题与二元一次方程组

解决较复杂的实际问题 —— 方法 —— 寻找等量关系

列方程组

过程 —— 分析问题

列方程组

求解

检验

第九章　不等式与不等式组

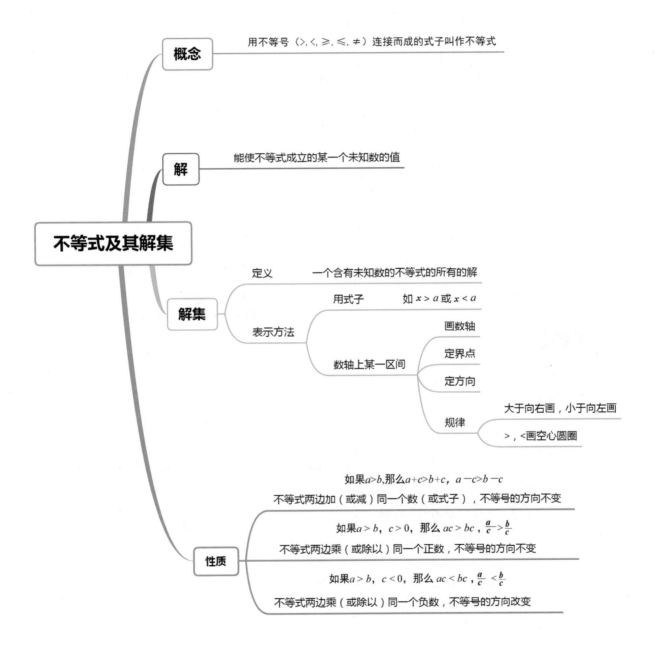

不等式及其解集

概念　用不等号（＞，＜，≥，≤，≠）连接而成的式子叫作不等式

解　能使不等式成立的某一个未知数的值

解集

定义　一个含有未知数的不等式的所有的解

表示方法
- 用式子　如 $x > a$ 或 $x < a$
- 数轴上某一区间
  - 画数轴
  - 定界点
  - 定方向
  - 规律
    - 大于向右画，小于向左画
    - ＞，＜画空心圆圈

性质

如果 $a > b$，那么 $a+c > b+c$，$a-c > b-c$

不等式两边加（或减）同一个数（或式子），不等号的方向不变

如果 $a > b$，$c > 0$，那么 $ac > bc$，$\dfrac{a}{c} > \dfrac{b}{c}$

不等式两边乘（或除以）同一个正数，不等号的方向不变

如果 $a > b$，$c < 0$，那么 $ac < bc$，$\dfrac{a}{c} < \dfrac{b}{c}$

不等式两边乘（或除以）同一个负数，不等号的方向改变

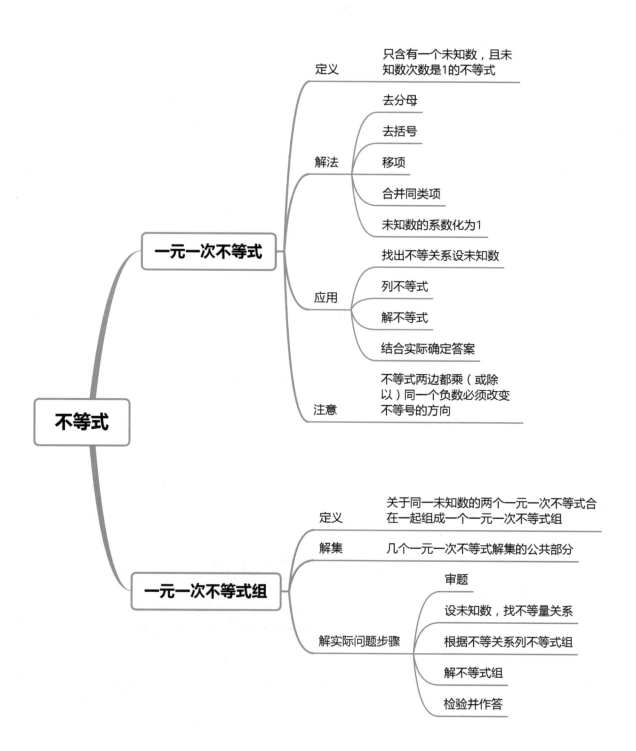

定义　只含有一个未知数，且未知数次数是1的不等式

解法
　去分母
　去括号
　移项
　合并同类项
　未知数的系数化为1

应用
　找出不等关系设未知数
　列不等式
　解不等式
　结合实际确定答案

注意　不等式两边都乘（或除以）同一个负数必须改变不等号的方向

一元一次不等式

不等式

一元一次不等式组

定义　关于同一未知数的两个一元一次不等式合在一起组成一个一元一次不等式组

解集　几个一元一次不等式解集的公共部分

解实际问题步骤
　审题
　设未知数，找不等量关系
　根据不等关系列不等式组
　解不等式组
　检验并作答

第十章 数据的收集、整理与描述

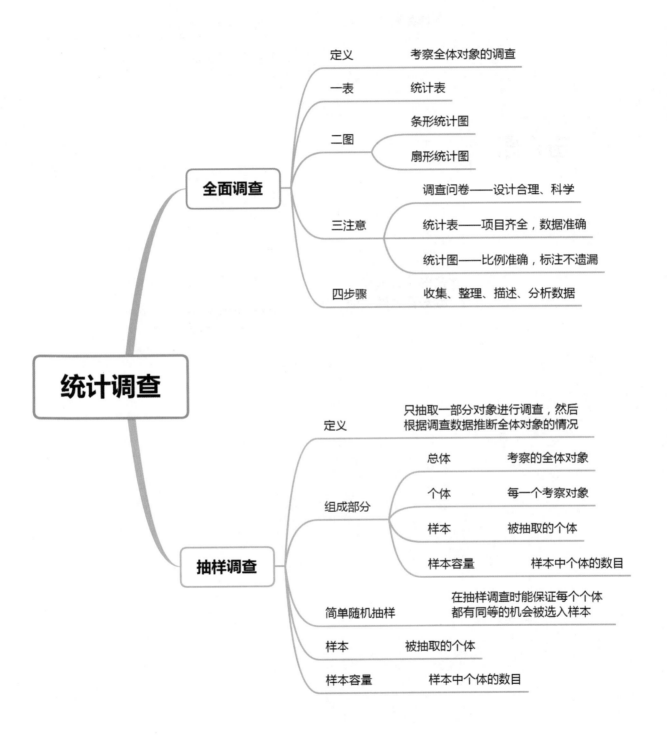

直方图

制作频数直方图

- 求最大值与最小值的差确定统计量的范围
- 确定组数和组距并进行分组
- 统计每组中数据的频数
- 绘制频数直方图

条形统计图与频数直方图关系

- 条形统计图可直观地显示出具体数据
- 频数直方图可表现频数的分布情况
- 频数直方图是特殊的条形统计图